中国石窟艺术

莫高窟

GROTTO ART OF CHINA

敦煌研究院 编

江苏凤凰美术出版社

中国石窟艺术

GROTTO ART OF CHINA

莫高窟

Mogao Caves

主　　编　　樊锦诗

执行主编　　赵声良

撰　　文　　樊锦诗

编　　委　　樊锦诗　周海歌
　　　　　　赵声良　毛晓剑

图版说明　　马竞驰　赵声良

摄　　影　　吴　健

英文翻译　　武琼芳　范　蓉

封面题字　　赵声良

主编介绍

樊锦诗，浙江杭州人，1938年出生于北京，1963年毕业于北京大学历史系考古专业，同年到敦煌文物研究所工作至今。现任敦煌研究院名誉院长、研究馆员，中央文史研究馆馆员，中国敦煌吐鲁番学会名誉会长，兼任兰州大学、东华大学教授、博士生导师。历任中国共产党十三大代表，全国政协第八、九、十、十一、十二届委员。

主要从事敦煌石窟考古研究、石窟科学保护和石窟科学管理等工作。发表论文数十篇，主要有《敦煌莫高窟北朝洞窟的分期》《莫高窟隋代石窟分期》《玄奘译经和敦煌壁画》等。学术著作主要有《敦煌石窟全集·第一卷：莫高窟第268~275窟考古报告》（北京：文物出版社，2011年）、《敦煌石窟全集·佛传故事画卷》（香港：商务印书馆，2004年），并主编《敦煌石窟全集》（全26册，香港：商务印书馆）、《敦煌石窟》（全10册，东京：文化学园文化出版局）等。

目录

灿烂的敦煌石窟艺术

敦煌研究院名誉院长　樊锦诗

敦煌，是位于甘肃省河西走廊最西端的城市，北有北山（马鬃山），南有南山（祁连山），是一个冲积而成的绿洲，由南山流来的古氐置水（今党河）泛滥所造成，绿洲周围多戈壁和沙丘。它的地理位置十分重要，东接中原，西邻新疆，自汉代以来，一直是中原通西域交通要道的“咽喉之地”，是著名的丝绸之路上的重镇。由敦煌出发，向东通过河西走廊去古都长安、洛阳。敦煌西去阳关，沿昆仑山北麓，经鄯善（若羌）、且末、于阗（和田）至莎车，逾葱岭（帕米尔）进入大月氏、安息等国，是为丝路南道；由敦煌出玉门关北行，沿天山南麓，经车师前王庭（吐鲁番）、焉耆、龟兹（库车），到疏勒（喀什），越葱岭，进入大宛、康居、大夏，是为丝路北道。敦煌总扼两关，控制着东来西往的商旅。位于丝绸之路上的敦煌，成为东西方贸易的中心和中转站。史书称敦煌是“华戎所交一大都会”，西域胡商与中原汉族商客在这里从事中原的丝绸和瓷器、西域的珍宝、北方的驼马与当地粮食的交易。与此同时，自汉代中西交通畅通以来，中原文化不断传播到敦煌，在这里深深地扎了根。地接西域的敦煌，较早地就接受了发源于印度的佛教文化。西亚、中亚文化随着印度佛教文化的东传，也不断传到了敦煌。中西不同的文化都在这里汇聚、碰撞、交融。著名的敦煌学者季羡林先生指出：“世界上历史悠久、地域广阔、自成体系、影响深远的文化体系只有四个：中国、印度、希腊、伊斯兰，再没有第五个；而这四个文化体系汇流的地方只有一个，就是中国的敦煌和新疆地区，再没有第二个。”季先生的论说充分说明敦煌在世界文化史上的重要地位。

敦煌距今已有两千多年的历史。秦汉之前，居住着月支、乌孙等少数民族。西汉初，漠北的匈奴赶走月支，占领敦煌。元狩二年（前121年）西汉军队打败河西匈奴，敦煌与河西走廊归入西汉王朝版图。元鼎六年（前111年）在敦煌设郡，与酒泉、张掖、武威并称河西四郡。在敦煌之北修筑了长城，在西部设立了阳关、玉门关，敦煌成为西域进入河西走廊与中原的门户和军事重镇。为了巩固敦煌的战略要地，从内地移民来此定居，调遣士兵屯田戍守。西汉王朝对敦煌的经营与开发，确立了敦煌在历史上的重要地位。经过东汉王朝与曹魏政权的继续经营与开发，敦煌在较长时期内保持相对稳定，成为丝绸之路上一处重要的商品交易中心和粮食生产基地。中原文化在这里生根和发展，儒家经典得到传播。产生于印度的佛教文化也传到了敦煌，西晋时号称“敦煌菩萨”的译经大师竺法护及其弟子在此译经传教。

十六国时期，先后由前凉、前秦、后凉、西凉、北凉五个政权统治敦煌。此时中原大乱，战乱频繁。唯敦煌相对平安，人口增加，中原与河西走廊的百姓避乱在此，中原汉晋文化在敦煌与河西走廊得以保存和延续。敦煌产生一批著名儒家学者，他们设馆讲学，著书立说，中原传统文化在敦煌已十分成熟。与此同时，西行求法与东来传教的佛教僧人都经过敦煌，促进了敦煌佛教的发展。《魏书·释老志》说：“敦煌地接西域，道俗交得，其旧式村坞相属，多有塔寺。”敦煌莫高窟应运而生。据唐代圣历元年(698年)李克让修《莫高窟佛龛碑》记载:“莫高窟者,厥初,秦建元二年(366年)有沙门乐僔,戒行清虚,执心恬静,尝仗锡林野,行至此山,忽见金光,状有千佛……造窟一龛。次有法良禅师,从东届此,又于僔师窟侧更即营建,伽蓝之起,滥觞于二僧。”

此后,北魏宗室东阳王元太荣、北周贵族建平公于义先后出任瓜州(敦煌)刺史,信奉佛教,莫高窟的开窟造像活动逐渐发展兴盛起来。

隋代统一南北,击败西北的突厥和吐谷浑侵扰,保持丝路畅通,商贸繁盛。文帝和炀帝倡导佛教,令天下各州建造舍利塔,瓜州也在崇教寺(莫高窟)起塔,宫廷写经也传至敦煌。短暂的隋代,在敦煌大兴开窟之风。唐王朝前期扼制了西域最大的威胁西突厥的进犯,在西域设立安西都护和安西四镇。为加强军事防卫,在敦煌和河西走廊设立豆卢军、墨离军、玉门军、赤水军、建康军等河西十军,使敦煌经济得到稳步发展,丝绸之路全线畅通,“伊吾之西,波斯以东,朝贡不绝,商旅相继”。中西经济文化交流频繁,敦煌石窟的营造达到了极盛,敦煌文化进一步凝聚了来自中原的汉文化,以及来自印度、西亚、中亚的文化。

天宝十四载(755年)发生安史之乱,唐王朝由盛而衰,吐蕃乘机攻占陇右、河西。建中二年(781年)吐蕃占领沙州,推行吐蕃行政、经济制度和习俗,同时,大力扶植佛教,佛教势力迅速膨胀,推动了莫高窟继续兴建。

会昌二年(842年),吐蕃内乱,势力大衰。大中二年(848年)沙州张议潮乘机率兵起义,陆续收复伊、西、瓜、肃、甘、凉等十一州,并遣使奉表归唐,被唐王朝册封为归义军节度使,从此开始了归义军长达200多年的统治时期。张氏归义军政权恢复唐制,推行汉化,使敦煌的政局得到了稳定,佛教在张氏归义军政权的保护下,继续兴建寺院和石窟。宋乾化四年(914年),曹议金接替张承奉政权在瓜、沙二州六镇地区重建归义军政权,一直保持与中原王朝的密切来往,接受中原王朝封号,奉中原为正朔,利用旧日唐朝在各族人民中的声威,以求在西北各民族中树立自己的地位,又以和亲的方式,东与甘州回鹘,西与西州回鹘、于阗政权结好。曹氏政权与中原王朝及周围少数民族政权建立的良好关系,不仅保持境内相对稳定的局面,且共保丝路畅通,促进了敦煌与中原和西域佛教文化的交流,为敦煌佛教艺术继续发展创造了条件。

宋景祐三年(1036年)和南宋宝庆三年(1227年),敦煌先后为党项羌和蒙古占领。西夏和元蒙统治者笃信佛教,敦煌莫高窟作为佛教要地,依然受到重视,仍有建造。但随着海上丝绸之路的发展、陆上丝绸之路的衰落、元蒙疆域的扩大,敦煌失去了中西交通中转站与西域门户的重要地位,莫高窟也告衰落。

元代以后敦煌停止开窟,逐渐冷落荒废。明嘉靖七年(1528年)封闭嘉峪关,使敦煌成为边塞游牧之地。清康熙五十七年(1718年)平定新疆,雍正元年(1723年)在敦煌设沙州所,雍正三年(1725年)改沙州卫,从甘肃各州移民敦煌屯田,重修沙州城。乾隆二十五年(1760年)改沙州卫为敦煌县,敦煌经济开始恢复,莫高窟开始被人们注意。清光绪二十六年(1900年)发现了震惊世界的藏经洞。不幸的是,在晚清政府腐败无能、西方列强侵略中国的特定历史背景下,藏经洞文物发现后不久,英人斯坦因、法人伯希和、日人橘瑞超、俄人鄂登堡等西方探险家接踵而至敦煌,以不公正的手段,从王道士手中骗取大量藏经洞文物,致使藏经洞文物惨遭劫掠,绝大部分不幸流散,分藏于英、法、俄、日等国的众多公私收藏机构,仅有少部分保存于国内,造成中国文化史上的空前浩劫。

灿烂的敦煌石窟艺术

敦煌石窟，是敦煌地区石窟之总称，包括敦煌市的莫高窟、西千佛洞，瓜州县的榆林窟、东千佛洞，肃北县的五个庙石窟。这些石窟虽规模悬殊，但同在古敦煌郡境内，它们地域相近，内容相同，风格相似，同属敦煌石窟艺术范畴，人们通常将它们统称为敦煌石窟。现共有洞窟812个，分别为莫高窟735个、西千佛洞22个，榆林窟42个、东千佛洞7个、五个庙石窟6个。

敦煌石窟中首推世界历史文化遗产——莫高窟。它位于敦煌市东南25公里的鸣沙山东麓，前临宕泉，东向祁连山支脉三危山。自4至14世纪，连续开窟造像不止，形成南北长1680米的石窟群。现存历代营建的洞窟共735个，鳞次栉比分布于高1～30多米高的断崖上，上下分布1～4层不等。分为南北两区，其中南区的492个洞窟乃礼佛活动的场所，拥有彩塑2000多身，壁画45000多平方米，木构窟檐5座；北区的243个洞窟（另有5个洞窟已编号），乃僧侣修行、居住、瘗埋的场所，内有修行和生活设施土炕、龟坑、烟道、壁龛、灯台等，但多无彩塑和壁画。

敦煌石窟开凿于石质疏松的砾岩之上，无法精雕细刻，便采用泥塑彩绘和壁画的艺术形式。彩塑以人工制作的木架为骨，束以苇草，外敷草泥，通过塑造和描绘的结合，表现人体的肌肤、面部的表情、须发的蓬松、服饰的质地。壁画在整治过的石壁上，涂抹两至三层草泥，通过布局定位、起稿、涂色、定形，完成壁画形象的绘画。敦煌石窟艺术是集建筑、彩塑、壁画于一体的综合艺术。石窟建筑形制根据内容、功能之不同而定。彩塑是石窟艺术的主体，崇拜的主要偶像，置于石窟佛龛，或中心塔柱龛，或佛坛的显著位置，并与周围的壁画内容相连，色彩和谐。壁画是敦煌石窟艺术的重要组成部分，适于表现复杂的场面和丰富的内容。石窟的佛龛、四壁和窟顶，布满了色彩缤纷的壁画，与居于主体位置的彩塑，互相辉映，相得益彰，共同构成完整的石窟艺术。

敦煌石窟艺术，是在传统的汉晋艺术基础上，吸收融合外来艺术的营养，创造的具有中国风格的民族民间佛教艺术。因其历史悠久、规模宏大、内涵深邃、艺术精美、保存完好，享誉国内外，是我国乃至世界佛教艺术的瑰宝，在中国文化史以至世界文化史上，具有重要的地位。

长城遗址　西汉

Ruins of the Great Wall. Western Han Dynasty

公元前121年，在建立酒泉郡后，西汉王朝开始修筑长城，在其后约20年间，从甘肃永登以西一直修到了罗布泊。汉长城的修筑是就地取材夯筑而成。由于敦煌一带的长城大都修在戈壁腹地，而戈壁上的沙砾又无法筑成墙体，因此城墙多以芦苇柴草加沙砾层层夯筑而成。芦苇柴草层厚约5厘米，沙砾层厚约20厘米，一层柴草一层沙砾，这样便可使墙体稳固不易倒塌，事实证明这是一种切合实际的有效做法。图中是玉门关附近的一段汉长城遗迹，残墙高约2.5米，基宽约3米，虽经历了2000多年的风雨剥蚀，墙体仍巍然屹立在荒漠戈壁上，因风化所致，墙体上的柴草和沙砾层愈发显得清晰。

玉门关　西汉

Ruins of the Yumen Pass.
Western Han Dynasty

玉门关（俗称“小方盘城”）是古代中原与西域各国交往的重要关口之一，位于距敦煌市区西北102公里的汉长城处。因古代西域和田等地的美玉经此运往中原，故称其为玉门关（亦称“玉关”）。关城墙垣基本完好，墙体高约10米，南北长26.4米，东西宽24米，面积630多平方米，西、北两面各开一门。城外北侧，有东西走向、因地而成的大车道，也就是人们所说的丝绸古道。

阳关　西汉

Ruins of the Yangguan Pass.
Western Han Dynasty

阳关，位于敦煌市区西南76公里的南湖乡境内，与玉门关相距约80公里，南北相望成犄角之势。按中国“山南水北为阳”的说法，因关在龙头山（今墩墩山）之南，故称之为阳关。现关城早已无存，仅剩图中这座建在墩墩山上的烽墩（烽火台）。烽墩为士筑，残高4.7米，底部厚度7.5~8米、残顶厚度6.6~8米。在烽墩南面有一大片平缓的沙丘，经发掘调查，沙丘下是大片建筑遗址，专家推测，此处可能就是关城或军营所在地。

十六国、北朝时期石窟艺术

包括北凉、北魏、西魏、北周四个时代，是敦煌早期石窟艺术。无论石窟建筑形制、彩塑艺术或壁画艺术的思想内容和形式风格，都明显地受到西域佛教艺术的深刻影响。但在中原文化扎根很深的敦煌，这种西域佛教艺术，自开始就具有浓厚的本土魏晋艺术的特点。至北朝后期随着中原艺术影响的西来，出现了中国式的佛教艺术。

（一）石窟建筑形制

1.禅窟，供僧人禅修的洞窟。此类洞窟由印度毗诃罗窟发展变化而成，禅窟主室为长方形或方形，正壁开龛塑像，供修行者（坐禅者）观像之用，左右两侧壁各开两个或四个仅能容身的斗室，修行者在内坐禅修行。窟顶有平顶或覆斗顶（其形如同倒置的量米之斗）。最初禅窟内素壁无画，后来窟内壁面与窟顶均绘壁画，如第268（包括第267、269、270、271窟）、285窟。

2. 中心塔柱窟，又叫中心柱窟、塔庙窟。是这个时期流行的主要洞窟形式。来源于印度支提窟，即在石窟中供奉佛塔。其形式主室平面长方形，中央偏后凿出连接窟顶与地面的方形塔柱，柱的四面开龛塑像，以供修行者绕塔观像与礼佛。中心塔柱之前的窟顶为仿汉式建筑的中间起脊两面斜坡的人字披顶，塔柱周围窟顶为平顶，如第254、288、428窟。

3. 殿堂窟，为修行者礼佛的场所。其形式受到中国传统殿堂建筑的影响，主室平面方形，正壁开龛塑像，或仅塑像而无龛，洞窟的其余三壁大都绘壁画，也有个别洞窟在两侧壁上部开龛塑像，窟顶为覆斗顶或人字披形顶，如第275、249窟。

（二）彩塑

北朝时期彩塑有主体性圆雕和附属性影塑。主体性造像都是身体紧贴墙面的高浮雕，有佛、菩萨、弟子像。佛像有弥勒佛像、释迦佛像、释迦与多宝并坐佛像。释迦佛像按其事态之不同，又可分为禅定像、苦修像、说法像、成道像、思惟像。前期佛像两侧仅有侍从菩萨像，后期佛像两侧又增加了迦叶、阿难侍从弟子像。

附属性影塑，有供养菩萨、飞天、千佛等。以泥制模具翻制的影塑，粘贴于中心塔柱或四壁上部，相当于凸于壁面的浮雕，用以陪衬主体性造像。北朝前期佛像的服饰或袒裸右臂的偏袒袈裟，或圆领通肩袈裟。菩萨高髻宝冠，辫发垂肩，上身袒裸或斜披络腋，下身羊肠裙，衣裙上装饰着密集的衣纹。人物面相丰圆，造型雄健厚重，肩宽胸平，姿态端庄，动态朴拙，神情宁静沉稳、含蓄。此时彩塑艺术和风格以中原汉晋艺术为基础，较充分地融合了来自于西域佛教艺术的营养。北朝后期的西魏时期，中原汉式衣冠传到敦煌，南朝“秀骨清像”艺术风格盛行。此时彩塑身着高领大袖襦服，胸前系小结，外罩对襟式袈裟。人物面相方瘦，身躯扁平。北朝后期的北周时期彩塑进一步民族化。

（三）壁画

北朝时期壁画，在石窟内大致有固定布局：四壁上部为绕窟一周的天宫伎乐；中部为壁画的主要部分，或满壁千佛，或佛说法图和千佛，或佛说法图和千佛及释迦本生、因缘、佛传故事画；下部为绕窟一周的金刚力士，或装饰图案。北朝前期的窟顶均绘装饰图案，后期的窟顶在覆斗顶与人字披顶增绘本生、佛传故事画、千佛等。按壁画内容可分为五类：

1.尊像画。表现佛教诸神，有构图严谨的佛说法图；有既千篇一律，又色彩缤纷的十方诸佛，即千佛；有排列有序、舞姿婀娜，作群舞的供养菩萨；有高居天宫楼阁欢畅地奏乐歌舞的伎乐天；有健壮有力、浓眉怒目、驱逐魔鬼的护法神——金刚力士。

2.本生、因缘、佛传故事画。本生故事画表现释迦牟尼佛在过去世中为菩萨时行种种善行，救度众生事，此类题材有毗楞竭梨王身钉千钉、虔阇尼婆梨王身燃千灯、尸毗王割肉贸鸽、月光王施头、快目王施眼、九色鹿王（行忍辱）拯救溺人、摩诃萨埵太子舍身饲虎、雪山大士施身闻偈、须达拿太子以子妻施婆罗门、独角仙人为淫女所骑、须阇提太子割肉事亲复国、善事太子入海求珠、睒子孝养盲亲等；因缘故事画表现释迦牟尼成佛后说法教化众生、度化外道的各种事迹，有须摩提女请佛、沙弥守戒自杀、五百盲贼得眼皈依、微妙比丘尼现身说法；佛传故事画描绘释迦牟尼一生或某些主要事迹。故事画的主题思想大多为坚持出家修行，强调布施、忍辱、持戒的修行方法，宣传惩恶扬善、因果报应、佛法威力的佛教思想。至北朝晚期故事画逐渐地民族化，渗透进中国传统的忠君、孝悌、仁爱、和顺、父子恩等儒家思想。故事画的结构形式多样，主要有主体式单幅画，以一个画面表现故事的一个典型情节，异时同图单幅画，一个画面上表现故事不同时间、不同地点的若干个情节；多幅连环画，多个画面表现有时间、有地点、有完整情节的故事。

3. 神话人物画。为佛教传入之前，中原汉地流行的道教神话人物形象。此类画出现于北朝后期，传自于中原，有乘坐龙车、凤辇的东王公、西王母，蛇身人面的伏羲氏、女娲氏，昂首飞腾的东方之神——青龙，振翼奔腾的西方之神——白虎，展翅欲飞的南方之神——朱雀，龟蛇相交的北方之神——玄武，两耳竖过头顶、臂生羽毛、长生不死的羽人，兽头人身、振臂运转连鼓的雷神，兽头人身、手执铁钻敲击的劈电等等。

4. 供养人画像。出资开窟造像的功德主及其眷属为祈福求愿，在窟内所绘的礼佛画像。多绘于主要壁画的下方，形象较小，高不及尺，男女分列成行，僧尼为首，世俗人物随后，有王公贵族和侍从像，有少数民族人物形象。服饰有中原汉装、西域胡装、汉胡混合装。

5. 装饰图案。装饰石窟建筑、彩塑和壁画的纹样。北朝时期是以表现石窟建筑形式为特征的建筑装饰图案。图案分布于中心塔柱窟人字披顶两披的望板、椽、枋、斗拱及平顶，殿堂窟的覆斗顶，以及不同类型洞窟的佛龛龛楣、彩塑背光、四壁壁带等处。平顶饰平棋图案，均为三层方井叠套，井心绘大莲花，错叠的井角绘火焰纹、飞天、忍冬等纹样。覆斗顶正中饰华盖式藻井，井心垂大莲花，四边饰忍冬、云气、火焰纹，井外饰垂幔、彩铃。人字披顶的椽间望板、壁带边饰、龛楣的主要纹样有莲荷纹、忍冬纹、祥禽瑞兽纹、云气纹、几何纹等等。

前期壁画以土红为底色，人物造型健壮，比例适度，穿西域式衣冠服饰，面部与肢体晕染采用西域表现明暗的凹凸法，以表现人物面部和肢体的立体感，此时色彩质朴厚重，线描细劲有力。这是中原传统艺术和西域艺术的结合。后期壁画为两种风格，一种风格大体继承前期特征，传自西域的晕染法，又有新的发展；另一种风格的壁画，以白色为底色，人物身材修长，相貌清瘦，眉目疏朗，神情潇洒，风骨飘逸，穿汉式方领深衣大袍，面部以民族传统晕染法在面颊涂红色。此时色彩清新明快，线条秀劲洒脱，运笔疾速，富于韵律感。这种风格是传自于中原的新风。

隋唐时期石窟艺术

佛教与佛教艺术传入后，在其漫长、曲折的传播进程中，经过与中国汉晋文化艺术的不断碰撞、融合，至隋唐时期得到了极大的发展，形成了中国式的佛教宗派、佛教思想、佛教信仰、佛教艺术。隋唐时期的敦煌石窟艺术发展到了最辉煌的巅峰。石窟建筑、彩塑、壁画所表现的世俗化、大众化、多样化，都是佛教艺术中国化的体现。

（一） 石窟建筑形制

1. 殿堂窟。呈现多样化、民族化、世俗化趋势。殿堂窟数量最多，长盛不衰，且不断变化发展。窟内佛龛加深加大，形式早晚不同：隋代为内外两层龛。唐前期为内小外大之敞口龛；唐后期为仿照世俗床帐形式的盝顶帐形龛，龛内设马蹄形佛坛，坛上置彩塑像，如第329、384窟。殿堂窟还出现一种主室正壁和两侧壁均开佛龛、龛内造像的形式，用以表现三世佛或三身佛，此类洞窟数量虽不多，但隋唐两代均有之，如第420窟。佛坛窟是新出现的窟形。隋至唐前期主室正壁凿长方形或马蹄形佛坛，唐后期大型洞窟主室中央凿出方形佛坛，坛后部有一道连接覆斗顶的背屏。坛前有阶陛，彩塑群像高踞于佛坛之上，信徒可围绕佛坛右旋环通、礼佛观像。此类洞窟应是殿堂窟之一种，其形式与寺庙佛殿，乃至世俗宫室殿堂格局相类似，如第196窟。

2. 涅槃窟、七佛窟。因涅槃像和七佛像而得名，其实亦为佛坛之一种。主室横长方形，正壁有横贯全窟的佛床，上塑佛涅槃像，如盛唐第148窟，中唐第158窟；或塑七佛并坐像，如中唐第365窟，窟顶为盝顶或券顶。

3. 大像窟。因窟中巨大的弥勒佛坐像而得名，如莫高窟初唐第96窟、盛唐第130窟，榆林窟唐代第6窟。大像窟洞窟高耸，主室平面方形，上小下大，贴正壁造石胎泥塑大像，佛座后凿出供信徒巡礼用的马蹄形通道。前壁上、中部各开一大型明窗，以供采光之用。窟顶为覆斗形或圆穹形，窟外建多层木构窟檐。中心塔柱窟数量极少，趋于衰落。由于修行简化和佛教世俗化，中心塔柱作为塔的功能逐渐减弱，而与殿堂窟佛龛形式靠近。

崖面留存遗迹与文字记载说明，隋唐时代各窟前室外，均有木构窟檐。这些窟檐“上下云矗，构以飞阁，南北霞连”。各窟又有木构栈道相通，蔚为壮观。

（二）彩塑

置于佛龛和佛坛上之彩塑像，均为圆雕，已完全离开墙壁，充分发挥彩塑的主体性、独立性的特长。随着佛教思想的发展，塑造最精的群像，数量与内容有较大变化发展，少则三身，多则十一身，大多七身一组或九身一组。主像隋代出现了过去、现在、未来三世佛，法身、应身、报身三身佛。隋唐两代主像流行释迦牟尼佛、阿弥陀佛、弥勒佛。隋至初唐，在前室增加了天王和力士的护法像，由盛唐始，护法像进入主室，与佛、菩萨、弟子像组合在一起。佛像居中，佛的两侧依次侍立迦叶、阿难两弟子，观音、势至两大菩萨或立或坐，南、北则为两大天王和金刚力士。有的群像中还有胡跪合十礼佛的小供养菩萨加入其内。佛国世界不同职守的代表人物按等级差别有序地会聚于一堂，展示了立体的佛界说法会之场景。

数量最多、规模最大的群像当为佛涅槃像和举哀者组成的群像。如盛唐第148窟主室的主像为释迦牟尼佛，长15.8米，右胁而卧，绕佛塑有高约1米的菩萨、弟子、护法、国王、大臣举哀的群像72身。中唐第158窟规模与第148窟相当，以绘塑结合的手法表现群像。围绕释迦牟尼涅槃像的众举哀者绘于三面壁面，通过细腻地表现群像举哀，更好地衬托出释迦牟尼恬静自然、涅槃为乐的神情。

莫高窟最引人注目的乃是建于唐代武则天证圣元年（695年）第96窟的北大像和唐玄宗开元九年（721年）至天宝（742~756年）第130窟的南大像，前者高35.5米，后者高27.3米，均是石胎泥塑，先凿出身体的轮廓大形，然后敷泥，最后塑造彩绘而成。其题材是两腿下垂的善跏坐弥勒说法像。造大像与武则天登位称帝有关，武氏欲取代李唐，命僧人造《大云经疏》，称武则天是弥勒下世。南大像保存完好，造型雄伟高大，神情庄严慈祥。

有隋一代，历时短暂，上承北朝，下启唐代，彩塑艺术取得了重要成就；但其形象存在头大、肩宽、腿短、动态单调、人物留有类型化痕迹等不足。

在隋代艺术基础上，经过继续探索和创造，吸收西域佛教艺术的营养，唐代彩塑艺术臻于成熟与完美。唐代艺术匠师以高超的写实技巧、卓越的创造才能、绘塑技法的巧妙结合，通过对人物形象、衣冠服饰、体态动作、外部特征、面部表情细致入微的刻画，成功地塑造了许多比例准确、衣饰华丽、造型健美、色彩灿烂、神态逼真、个性鲜明的完美艺术形象，成为具有永恒艺术魅力、经久传世的典范性不朽之作。

（三）壁画

隋代前期壁画布局大致继承北朝上、中、下三段式特点。隋后期开始至唐前期，改为壁画上部安排说法图或千佛、或经变，下部为供养人。作为盛世的唐代前期也往往通壁安排一幅大型经变。随着佛教艺术世俗化，唐后期洞窟格局发生了变化，传统的屏风画进入洞窟与佛龛。洞窟内通壁安排2至4幅经变不等，各种经变的说法会在上部，经变的情节性故事内容安排于下部的屏风画。供养人像分布在由前室通向主室的甬道或主室正壁与前壁下部。

按壁画内容可分为五类：

1. 佛教尊像画。除说法图外，随着佛教信仰的多样化，出现了较多的单身尊像，如药师佛、卢舍那佛、观音、势至、地藏以及密教题材的菩萨像。

2. 经变画。广义而言，凡依据佛经变成绘制之图画，均可称为“变”。狭义而言，指将某部佛经的内容变成一幅首尾完整有情节铺陈的大画。据统计，敦煌石窟有经变30余种，有表现不同净土思想的阿弥陀经变、无量寿经变、观无量寿经变、弥勒经变、东方药师变、十方净土变；有表现天台最高圆满的大乘佛法，一切众生都能成佛思想的法华经变；有宣扬人人都有佛性的涅槃经变；表现大乘般若性空思想，众生成佛的维摩诘经变；有反映禅宗思想的天请问经变、思益梵天请问经变、金刚经变、楞伽经变等；有宣传密教持咒诵经祈福禳灾的千手千眼观音经变、不空羂索观音经变、如意轮观音经变；等等。通常经变画总是以说法会为中心，佛在中央，两侧分列大菩萨、天龙八部，还刻画生动活泼的飞天、载歌载舞的乐舞伎形象。不同的经变画有各自不同的佛经内容。阿弥陀经变，在凭台上以坐于莲花座上说法的阿弥陀佛与两侧的观世音、大势至菩萨，即所谓的“西方三圣”为主体，周围围有众多的听法菩萨，凭台后与两侧矗立着宫殿楼阁，凭台前有舞伎起舞和乐队伴奏，凭台下面绿色的七宝池、八功德水，池水莲花盛开，化生童子嬉戏，佛上空飞舞的天乐不鼓自鸣。整个画面表现了西方佛国净土世界。弥勒经变以弥勒佛说法为中心，穿插描绘山喷香气，地涌甜泉，庄稼一种七收，树上

莫高窟

The Mogao Grottoes

莫高窟，俗称“千佛洞”，始建于公元366年，位于敦煌市区东南25公里鸣沙山麓的峭壁上，东隔大泉河与三危山相望。在南北长1600余米的崖壁上，分布着北凉、北魏、西魏、北周、隋、唐、五代、宋、西夏、元等朝代的洞窟735个，彩塑2400余身，壁画45000余平方米，唐宋木构窟檐建筑5座，是世界上现存规模最大、保存最完好的佛教石窟寺。

1944年,中国政府在这里设立了专门的保护研究机构——敦煌艺术研究所。新中国成立后，更名为敦煌文物研究所，1984年升格为敦煌研究院。1961年，莫高窟及所属榆林窟、西千佛洞被国务院公布为全国第一批重点文物保护单位，1987年被联合国教科文组织列入世界文化遗产名录。

生衣，随意取用，路不拾遗，夜不闭户，龙王洒水，罗刹扫地，人寿八万四千岁，寿终老人自入坟墓，女人五百岁婚嫁，等等，展示弥勒世界美妙景象。不同的经变有不同的构图形式。阿弥陀经变、弥勒经变为主体式构图，以佛和菩萨说法会为中心，四周穿插净土世界的各种场景与情节，画面浑然一体。观无量寿经变、东方药师经变，中间以净土世界说法会为主体，两侧以对联形式的立轴画分别表现佛经中的故事。观无量寿经变分别绘画未生怨、十六观；东方药师经变分别绘画九横死、十二大愿。这样的画面主次分明，故事画作为经变画的一部分，为装饰的需要形成了较为规整的连环画形式。又如维摩诘经变表现维摩居士与文殊菩萨共论佛法，劳度叉斗圣变表现外道劳度叉和佛弟子舍利弗神变斗法，两经变的画面都分成左右，使其各成主体，围绕两方主体人物，交织各种神变故事，内容丰富，引人入胜。经变画这种佛教艺术形式是中国佛教艺术的独创，体现了中国古代艺术家驾驭复杂题材，创作大型经变、鸿篇巨制的杰出水平，画家善于通过雄伟壮观的宫殿楼阁、绮丽多姿的山水景致来创造辽阔的境界，同时善于应用丰富灿烂的色彩，渲染成一种金碧辉煌的效果，以此来表现佛国净土的美妙世界。在雄伟壮阔的场景中又注意细致入微地刻画不同的人物。

3. 佛教东传故事画。又名佛教史迹画，始于隋、初唐，盛于唐后期，为传自天竺（今印度）、尼婆罗（今尼泊尔）、犍陀罗（今巴基斯坦白沙瓦一带）、西域于阗（今中国新疆和田）和中国本土的佛教传说。题材多达数十种，大抵分为佛教感应化现的传说，弘扬佛教的高僧和使臣的神异故事，显示神灵、表征吉凶的佛教瑞像图，佛教圣地和圣迹的传说。如释迦晒衣石、善断吉凶的佛图澄、张骞出使西域求佛名号、犍陀罗国释迦双头瑞像、于阗毗沙门天王与舍利弗决海、中国四大佛教灵山之一的五台山及其圣迹与化现传说。这些看似神奇的传说故事，反映了佛教的东传，中国与印度、中亚、西域的文化交流，佛教的中国化。

4. 供养人画像。有僧官、僧尼，当地达官贵人、文武官僚、工匠、牧人、行客、侍从、奴婢和善男信女。唐后期张氏归义军政权兴建洞窟中的供养人画像，一家三代，姻亲眷族都依次排列在一起，此时的洞窟成了光耀门庭的家庙。特别是晚唐第156窟场面宏大，结构严谨的“河西节度使张议潮统军出行图”与“宋国河内郡夫人宋氏出行图”乃重要的历史画卷。隋唐时期供养人像逐渐增大，盛唐开始一些大窟中出现等身大像，供养人的形象服饰描绘得细致讲究。

5. 装饰图案。隋代图案是北朝“建筑装饰图案”向唐代“织物图案”的过渡形式，以“藻井图案”为其代表，纹样形式多样。唐代是敦煌图案发展的高峰，装饰多仿绫、锦、绢、绣织物上的纹样，繁缛多样，井内主花纹样有莲花、三兔莲花、交杵莲花、灵鸟莲花、莲花飞天、团花、云头团花、葡萄石榴、宝相花、茶花等等。井外边饰图案主要纹样有卷草纹、灵鸟石榴卷草纹、百花蔓草纹、半团花纹、团花纹，各种几何纹如回纹、菱格纹等，造型丰满，结构严整，色彩华丽。

壁画艺术经过隋代的探索，唐代臻于娴熟精湛。唐前期人物丰腴，肌胜于骨，色彩富丽，线描采用自由豪放的兰叶描，绘画呈现一派雄浑健康、生机勃勃的气派。吐蕃占领时期，色彩明快清雅，线描精细柔丽，人物性格刻画细腻，构图严密紧凑，形成精致淡雅的风格。晚唐人物题材的壁画出现公式化的趋向，开始缺少意境和情趣。

五代、宋、西夏、元时期石窟艺术

晚唐武宗、后周世宗两次灭佛使佛教遭到沉重打击，佛教各宗派已日趋衰落；唐中叶以后经济重心开始南移，海上丝绸之路兴起，陆上丝绸之路渐趋衰弱。上述诸多因素影响下，敦煌石窟佛教艺术也呈衰退趋势。但五代、宋时期统治瓜（今瓜州县）、沙（今敦煌市）的曹氏归义军政权经济、政治、外交，举措得当，宗奉佛教，设置画院与伎术院，形成了院派特色，石窟佛教艺术仍显繁荣景象。西夏、元时期受到中原绘画艺术与藏传密教艺术的影响，也不乏精品佳作。

（一）洞窟建筑形制

继承晚唐旧式，主要流行主室正壁开龛和中心设方形佛坛的殿堂窟，五代、宋时期中心佛坛窟规模超过前代。此时还保存了宋代开宝三年（970年）、开宝八年（975年）、太平兴国五年（980年）等纪年的木构窟檐四座，它们是第427、431、444、437窟。西夏、元时期殿堂窟出现了多层圆形佛坛的形式，如莫高窟第465窟、榆林窟第3窟等。

（二）彩塑

多遭严重破坏，仅存五代第261窟、宋代第55窟、西夏第246窟数窟彩塑。塑像题材与风格承唐代之余绪，但已缺乏唐塑之神。第55窟主像塑弥勒佛像三身，表现“弥勒三会”，西夏第491窟塑供养天女，都是新题材。

（三）壁画

1. 经变画。五代、宋时期仍以大幅经变为主，题材内容大多一如前代。随着洞窟规模扩大，有的洞窟经变规模之大、入画内容之多，超过前代。第220窟后唐绘新样文殊、第76窟宋代绘千手千眼观世音菩萨广大圆满无碍大悲心陀罗尼经变、八大灵塔变等，都是新题材。但经变种类数量渐趋减少，画面格式化现象日益严重，画面榜题增多，几乎每个画面的内容，均插以墨书榜题，借助榜题文字，说明所绘内容。至西夏、元时期，大部分传统题材经变的种类进一步减少，有的已绝迹，画面更趋格式化。受中原两宋画风之影响，榆林窟第2、3、29窟所绘水月观音、文殊变、普贤变，无论人物造型、山石云气，线描赋色、结构布局、意境神韵都是不可多得的艺术佳作。与此同时受藏传密教艺术的影响，曼陀罗、五方佛、明王、金刚等藏传佛教题材增多，出现藏密绘画艺术的新因素、新技法。

2. 佛教东传故事画。五代、宋、西夏时期进一步发展，共有40多个洞窟绘画。瑞像画以单幅大画绘于洞窟前室通向主室的甬道顶部，如莫高窟第98、454窟牛头山瑞像及大型圣迹图。还出现经变式故事画，与其他经变同绘于一壁，如五代莫高窟第72窟的大型刘萨诃和尚因缘变相图，组合30多个内容，描述了北魏圣僧刘萨诃一生的神异事迹；又如五代第61窟五台山化现图，为莫高窟最大的佛教圣迹图，以五峰为主体，组合五台山数百里内灵异化现、佛教圣迹及城市关隘、店铺、道路共190余处于一壁，自上而下描绘了天界、神和人交接界、人间现实世界，是一幅独特的现实与想象结合的画图，内容丰富，意境深远，也是一幅难得的山水画。

3. 尊像画。五代、宋时期出现了大幅四大天王、天龙八部、八大龙王、毗沙门天王赴哪吒会等护法题材，另有宋、西夏时期大型供养菩萨行列、十六罗汉图。

4. 本生、因缘、佛传故事画。数量虽不多，却都是鸿篇巨制，绘于五代、宋一些大型洞窟壁面下部，以大面积连屏表现。

5. 供养人画像。五代、宋时期数量进一步增加，形象更为高大。曹氏归义军政权一门五代及其姻亲、显宦、属吏，还有与曹氏联姻的于阗国王、王后、甘州回鹘公主，均与入壁。如五代第98窟供养人像达160多身，组成宏大的队伍，显赫其身份，于阗国王像高达2.92米。至西夏、元时期，出现了党项族、羌族、回鹘族、蒙古族供养人像，有国师、贵族、官员，体格魁梧，身材高大，身着不同民族的服饰。

6.图案艺术。已趋式微，纹样规整但过于程式化。五代图案继承唐代余风，多绘团龙藻井，井心莲花中多绘团龙，井外多卷草纹、回纹边饰。宋与西夏浮塑施金的团龙藻井，有一龙、二龙、四龙、五龙。还有团花藻井，花中画交杵和法轮，井外边饰以回纹、卷草纹、白珠纹为主。元代除沿袭西夏遗风，还有井心绘六字真言、大日如来等，图案艺术也反映了世俗对佛教艺术的影响，以及藏传密教的影响。

五代至宋初，即曹氏政权前期的壁画艺术，犹存唐代余风。山水画、故事画、肖像画、巨幅壁画有独特成就，在画院画师或画行画匠的带领下，使公式化的经变形成了统一风格。壁画人物肌肉丰腴、设色热烈，线描豪放有变化，但失之粗糙简率。至宋代，即曹氏政权后期，经变内容更趋贫乏空洞，人物神情呆板，千篇一律，色彩单调贫乏，线条柔弱无力，缺乏艺术生命力。

西夏壁画初期继承曹氏画院规范，后来在进一步汉化基础上，产生了兼有中原风格和党项民族特征的人物造型。

元代艺术为迥异的两种风格，一种以莫高窟第3窟千手千眼观音、第61窟炽盛光佛为代表，用铁线描、折芦描、游丝描、钉头鼠尾描等多种线描造型，设色清淡典雅，这是中原传入的汉密风格；另一种以莫高窟第465窟萨迦派壁画为代表，人物形象有印度、尼泊尔人特征，铁线描挺拔秀劲，色彩多用青、白、绿等色，敷色厚重，这种线描和色彩并重，神秘、怖畏、冷艳的风格，来自藏传密教。

敦煌石窟艺术的珍贵价值

敦煌石窟艺术，大多以佛教经典为依据，但佛国世界的创造，与现实生活发生密切关系，要摄取现实生活为素材，佛国世界只是现实世界的反射。历经1000余年创造的敦煌石窟艺术，某种意义上表现了1000余年古代社会的生活，展示了1000余年内涵丰富的文化。所以敦煌石窟不仅是辉煌灿烂的艺术宝库，而且也是极其珍贵的文化宝库。我们从历史、艺术、科技三个方面简述敦煌石窟的珍贵价值。

(一)历史价值

敦煌石窟营造及其历史过程，敦煌的悠久历史，当地有影响的世族与大姓，以及敦煌同周围民族与西域的关系，在历史中没有或很少有记载。敦煌石窟有成千上万个供养人画像，其中有1000多条还保存题名结衔。供养人像和题记，生动、丰富、真实地提供了许多历史状况和历史线索，使我们了解了与敦煌历史、敦煌石窟营建史有密切关系的阴、索、李、翟、张、曹等各世家大族的史事，他们相互间盘根错节的关系，他们与周围各少数民族政权的复杂关系，他们营造敦煌石窟的史实，这是研究张、曹归义军统治时期敦煌历史的珍贵资料。还使我们了解不同历史时期，拓跋鲜卑、吐蕃、吐谷浑、回鹘、党羌、蒙古等少数民族政权在敦煌的活动，各民族间错综复杂的关系及他们的文化艺术，反映了唐代的仪卫制度、奴婢制度、吐蕃官制、归义军政权的管制等。

本生、佛传、福田经变、弥勒经变、宝雨经变、楞伽经变及供养人题记，可帮助我们了解古代经济生活的状况。如农牧业方面，有耕作、收获、捕鱼、家畜饲养、狩猎。庄园收获图和寺院收获图，告诉了我们唐代庄园与寺院经济的信息。手工业方面有锻铁、酿酒、制陶、纺线、织褐、皮匠、制鞋、画匠、伎匠、塑匠、纸匠、木匠、石匠、打窟人、金银匠、弓匠、踏碓师。商业方面有屠房、肉坊、酒肆、旅店、金银行、木行、弓行等。据藏经洞文献记载，称“匠”者共有20余种。将壁画与藏经洞文献结合研究，可反映出古代敦煌地区手工业和商业的面貌。

法华经变、涅槃经变提供了古代军队操练、出征、征伐、攻守的作战图，及兵器装备的宝贵形象资料。

敦煌壁画中保存有属于体育属性的资料，如骑射、射靶、马技、跃马、相扑、角力、举重（举象、举钟）、弈棋、投壶、武术、游泳、马球、蹴踘等。

敦煌是丝绸之路的“咽喉之地”，过往胡商、汉贾必经之地，也是从事丝绸贸易的中转之地。壁画中描绘了中原与西域商人在丝绸之路上东来西往、相望于道的景象。如北周第296窟福田经变，一边是高鼻深目的胡商，牵着载有货物的骆驼，另一边是骑马的中国商人，赶着满载货物的毛驴，相遇在桥上。同时也透出了古丝绸之路经商贸易的艰难险阻的消息，如隋代第420窟法华经变，商队赶着满载丝绸的骆驼和毛驴，路遇大批武装的强盗，商队的财货被抢劫一空；唐代第45窟观音经变，一群胡商赶着毛驴，载着丝绸，在山谷中遇到了强盗。

丝绸之路既是贸易之路，也是外交往来、文化交流之路，敦煌壁画也有图像的记载。如唐代第323窟描绘了出使西域的西汉使臣张骞；五代、宋第98、454窟描绘了出使印度的唐代使臣王玄策；中唐、五代、宋的第231、237、98、61、72窟描绘了西行求法和活跃于河西走廊的名僧刘萨诃；莫高窟第126窟，榆林窟第2、3、29窟刻画了唐僧玄奘西天取经的事迹；东来传教的著名僧人安世高、康僧会、佛图澄在唐宋的第323、9、108、454窟也有描绘。

古代社会生活的衣食住行、生老病死、婚丧嫁娶等民情风俗场景在壁画中无处不见。盛唐到西夏时期的弥勒经变普遍绘画了嫁娶图，表现了佛经所言弥勒世界人寿八万四千岁，“女人年五百岁，尔乃行嫁”的内容。图中表现了唐宋时期敦煌地区广泛流行两种不同的婚俗，一种是受汉人传统文化的影响，男方行聘娶婚，即男方行聘，迎娶新娘，回家成婚。另一种是西域民族风俗，男就女家行礼，行入夫婚。壁画中的嫁娶图细致地表现了婚礼场面的设置：在庭院搭设帐篷、宴请宾客的礼席，围设新婚夫妇拜堂的帐帷和新婚夫妇居住的青庐。还表现了婚礼仪式的全过程：新郎迎亲、乐舞助兴、拜堂成礼、奠雁之礼、共入青庐，举行洞房同牢合卺之礼。又如自北周至宋代的故事画微妙比丘尼、善事太子入海品、佛传、涅槃经变，表现了古代的丧葬习俗，描绘停棺为亡人举哀，出殡送葬、殡葬的丧葬过程；还描绘了行后土之祭，构置坟茔（修筑坟墓四周围墙）、设圹埋葬、地面起坟（堆土堆）的土葬埋葬方式。

榆林窟

The Yulin Grottoes

榆林窟，俗称“万佛峡”，是莫高窟的姊妹窟之一，位于瓜州县城西南75公里的榆林河（亦名“踏实河”）畔，因河谷榆树成林，故称为榆林窟。现存唐、五代、宋、西夏、元等时代洞窟42个，分布在榆林河东、西两岸的崖壁上，东崖31个、西崖11个。现存彩塑259身、壁画4200平方米。其内容、技法都与莫高窟有着密切的联系或相同之处，但又有着明显的差异和独特的风格。

敦煌石窟的彩塑和壁画，大多是佛教内容，如彩塑和壁画的尊像，释迦牟尼的本生、因缘、佛传故事画，各类经变画，众多的佛教东传故事画，神话人物画等，每一类都有大量、丰富、系统的材料，还涉及印度、西亚、中亚、新疆等地区，可帮助我们了解古代敦煌以及河西走廊的佛教思想、宗派、信仰、传播，佛教与中国传统文化的融合，佛教中国化的过程，等等，对研究敦煌地区佛教史和中国佛教史都是极其宝贵的资料。

（二）艺术价值

敦煌石窟营建的1000余年历程，时值中国历史上两汉以后长期分裂割据，走向民族融合、南北统一，臻于大唐之鼎盛，又由巅峰而式微的重要发展时期。在此期间，正是中国艺术的程式、流派、门类、理论的形成与发展时期，也是佛教与佛教艺术传入后，建立和发展了中国的佛教理论与佛教宗派，佛教艺术成为中国艺术的重要门类，最终完成了中国化的时期。敦煌石窟艺术绵延千年，内容丰富，数量巨大，其艺术形式既继承了本土汉晋艺术传统，吸收了南北朝和唐宋艺术流派的风格，又不断接受、改造、融合域外印度、中亚、西亚的艺术风格，向人们展示了一部佛教艺术史及其中国化的渐进历程，又是中国艺术与西域艺术往来交流的历史记载，对研究中国美术史和世界美术史都有重要的意义。

从中国美术的门类角度看，敦煌石窟壁画中的人物画、山水画、动物画、装饰图案画都有千年历史，具有自成体系、数量众多的特点，都可成为独立的人物画史、山水画史、动物画史、装饰图案画史。特别是保存了中国宋代以前即10世纪以前如此丰富的人物画、山水画、动物画、装饰图案的实例，这是世界各国博物馆藏品所未见的。

敦煌壁画中有音乐题材的洞窟达200多个，绘有众多乐队、乐伎及乐器，据统计，不同类型乐队有500多组，吹、打、拉、弹各类乐器40余种，共4500多件。敦煌藏经洞文献中也有曲谱和其他音乐资料。丰富的音乐图像资料，展现了近千年连续不断的中国音乐文化发展变化的面貌，为研究中国音乐史、中西音乐交流史提供了珍贵资料。

敦煌石窟大多数洞窟的壁画中几乎都有舞蹈形象。有反映人间社会生活、风俗习尚的舞乐场面和舞蹈形象，如西域乐舞、民间宴饮和嫁娶舞乐；有经变中反映的宫廷和贵族燕乐歌舞场景；有天宫仙界的舞蹈形象，如飞天的舞蹈形象、供养伎乐等，还有藏经洞保存的舞谱及相关资料。舞蹈艺术是无法保留的时空艺术，古代的舞蹈形象，我们现代人已知之甚少，就敦煌石窟舞蹈形象的珍藏而言，堪称舞蹈艺术的博物馆，保存了无数高超的舞蹈技巧和完美的舞蹈艺术形象，代表了各时代舞蹈发展的面貌及其发展历程。

敦煌石窟艺术中有十分丰富的建筑史资料。敦煌壁画自十六国至西夏描绘了成千成万座不同类型的建筑，有佛寺、城垣、宫殿、阙、草庵、穹庐、帐、帷、客栈、酒店、屠房、烽火台、桥梁、监狱、坟茔等等，这些建筑有以成院落布局的组群建筑，有单体建筑。壁画中还留下了丰富的建筑部件和装饰，如斗拱、柱枋、门窗，以及建筑施工图等。长达千年的建筑形象资料，向我们展示了一部中国建筑史。可贵的是，敦煌建筑资料的精华，反映了北朝至隋唐400年间建筑的面貌，填补了南北朝至盛唐建筑资料缺乏的空白。此外，不同时期、不同形制的800余座洞窟建筑，5座唐宋木构窟檐，以及石窟寺的舍利塔群，都是古代留存至今的宝贵的建筑实物资料。

（三）科技价值

本生、佛传故事画、弥勒经变、法华经变，有许多耕获图，表现一种七收的内容。图中展现了北周到西夏600多年间敦煌地区农业生产的面貌，使我们了解了当时农业生产的全过程：农夫一牛拉犁、二牛拉犁（二牛抬杠）耕地，妇女持装籽种的篮子播种，头戴笠帽、手持镰刀的农夫，收割成熟的庄稼，男子抡连枷打场，男子以木杈、木锨，女子用簸箕、扬篮扬场等。壁画中还逼真地描绘了各种农业生产工具，除上述提到的工具之外，还有直辕犁、曲辕犁、三脚耧犁、铁铧、耱、耙、锄、铁锨、扁担、秤、斛、斗、升，特别是盛唐第445窟弥勒经变中出现的能调节耕作深度的曲辕犁形象，为我们提供了当时最先进的农耕工具的唯一的珍贵图像资料。

敦煌作为中西交通的枢纽，在壁画上不仅留下了商旅交往的活动情景，还留下了宝贵的交通工具的形象资料。它们有牛、马、驼、骡、驴、象、舟、船、车、轿等。常用的交通工具车辆类型各异，牛车有通巾幰牛车、偏幰牛车、敞篷牛车，马车有驷车、骆车，还有骆驼车、童车、独轮车等，特别是保存了中国为世界交通工具做出独有贡献的独轮车、马套挽具（胸戴挽具和肩套挽具）、马镫、马蹄钉掌等珍贵的图像资料。

西魏第285窟、北周第296窟五百盲贼得眼皈依故事画，表现了骑着战马的骑兵，与身穿裤褶的步兵（强盗）作战的场面。画面上画出了马铠，它是保护战马的防护装备，古称“具装”，或“具装铠”。第285窟马铠的形制齐全，从保护马头的“面帘”，到保护马鞍后尻部的“寄生”一应俱全，反映了汉代已有的具装，到北朝时期已发展为完备成熟的保护装备。马铠的产生和发展是中国为世界军事装备所做的独有贡献，敦煌保留了珍贵的图像资料。

隋至西夏的尊像画，药师经变中的佛、菩萨、弟子手中及供桌上绘画了玻璃器皿，有碗、杯、钵、瓶、盘等，它们呈透明、浅蓝、浅绿、浅棕色，器形、颜色与纹饰表现出西亚萨珊风格或罗马风格，说明了这些玻璃器皿是从西亚进口的。壁画不仅反映了古代玻璃工艺的特点，还反映了中西的玻璃贸易。

百科全书式的敦煌藏经洞文献

1900年6月22日（清光绪二十六年五月二十六日），敦煌莫高窟下寺道士王圆箓在清理今编第16窟的积沙时，于无意间偶然发现了藏经洞（即今第17窟），从中出土了公元4~11世纪的佛教经卷、社会文书、刺绣、绢画、法器等文物5万余件。这一震惊世界的发现，为研究中国及中亚古代历史、地理、宗教、经济、政治、民族、语言、文学、艺术、科技提供了数量极其巨大、内容极为丰富的珍贵资料，被誉为“中古时代的百科全书”“古代学术的海洋”。

敦煌文献中，大约百分之九十是佛教文献。现存敦煌佛经中最早的写卷是日本中村不折所藏的《譬喻经》，经末题记云：“甘露元年三月十七日于酒泉城内斋从中写讫。”“甘露元年”即前秦甘露元年，公元359年，这也是藏经洞敦煌文献的最早纪年。佛教经典中，经、律、论三类经典应有尽有，而最有价值的则是禅宗经典和三阶教经典。敦煌文献中还发现了迄今为止最早的《六祖坛经》，对于研究慧能禅宗思想的形成十分重要，与宋代以后的《坛经》多有不同。敦煌文献中也保存了不少三阶教经典，如《三阶佛法》《三阶佛法密记》《佛说示所犯者法镜经》《三界佛法发愿法》等，它们的发现，为佛教研究增添了新的内容。

敦煌佛经还有不少藏外佚经（即《大藏经》中未收佛经），不仅可补宋代以来各版《大藏经》的不足，还为佛教经典和佛教史的研究打开了新的门径。敦煌佛经中还有不少被认为是中国人假托佛说而撰述的经典，即所谓“伪经”，这些疑伪经反映了中国佛教的特点，是研究中国佛教史的宝贵资料。敦煌文献中的梵文、古藏文、回鹘文、于阗文、吐火罗文及与汉文对照的佛经，对摸清汉译佛经的来源以及考证佛经原文意义作用很大。敦煌文献中各类佛经的目录也不少。此外，敦煌佛经，尤其是隋唐时期的写经，由于校勘精良、错讹较少，对校勘唐以后的印本佛典也大有裨益。

敦煌文献中还有一批寺院文书，其中包括寺院财产账目、僧尼名籍、事务公文、法事记录以及施入疏、斋文、愿文、燃灯文、临圹文等，是研究敦煌地区佛教社会生活不可多得的材料。

敦煌是古代佛教圣地，道教的发展远不如佛教，但在唐朝前期，由于统治者推崇老子，道教一度兴盛起来，因而，在敦煌文献中也保存了为数不少的道教典籍。敦煌文献中的道教经卷约有500号左右，主要为初唐至盛唐的写本。而纸质优良、书法工整、品式考究则是敦煌道教文献的一大特色。

除佛教、道教文献外，敦煌文献中还保存了有关摩尼教、景教文献，为我们了解古代中西文化交流提供了重要的历史证据。

敦煌文献中的历史、地理著作、公私文书等，是我们研究中古社会的第一手资料。以史籍而言，敦煌文献中除保存了部分现存史书的古书残卷外，还保存了不少已佚古史书，这些史籍不仅可补充历史记载的不足，而且可订正史籍记载的讹误。敦煌文献中的一批地理著作，也十分引人注目，这些已亡佚的古地志残卷，是研究唐代地理的重要资料。敦煌文献中还有关于西北地区，特别是敦煌的几种方志，更为史籍所不载，如《沙州都督府图经》《沙州伊州地志残卷》《寿昌县地境》《沙州地志》等，对敦煌乃至西北历史地理的研究十分重要，每一件都是弥足珍贵的史料。

关于归义军统治敦煌的历史，在《新唐书》《旧唐书》《资治通鉴》，以及《新五代史》《旧五代史》《宋史》等正史中记载都非常简略，且错误很多，人们对这段历史的情况只有零星的了解。敦煌文献中有关这段历史的资料在上百种以上，数十年来，学者们根据这些资料，基本搞清了这段历史，从而使这段历史有年可稽，有事足记，千载坠史，终被填补。

敦煌文献中还保存了大量中古时期的公私文书，这些未加任何雕琢的公私文书，是我们研究中古时期社会历史的第一手资料。这些公私文书，都是当时人记当时之事，完全保存了原貌，使我们对中古社会的细节有了更深入的了解，对研究中古社会历史至关重要。

敦煌文献中保存的大量珍贵文献资料更为引人注目。它包括《诗经》《尚书》《论语》等儒家经典及诗、歌词、变文、小说、俗赋等，文学作品除文人作品和某些专集、选集的残卷外，大多是民间文学作品。

敦煌文献中的儒家经典，最具学术价值的是它对今本儒学典籍的校勘价值。其中《古文尚书》是我们今日所见到的最古的版本，东汉经学大师郑玄所著的《论语郑氏注》，更是失而复得的可贵资料，郑玄注《毛诗故训传》、南朝徐邈《毛诗音》则最为《诗经》研究者所重视。

敦煌文献中保存的诗歌数量很多，其中尤以唐五代时期为最多，大致包括佚存的唐代诗人之作、敦煌本地诗人之作、释氏佛徒之作、敦煌民间诗歌几个方面。敦煌佚存的唐代诗人之作，最著名的是韦庄的《秦妇吟》和王梵志的诗。敦煌歌词，过去一般称为曲子词，除少数文人作品外，大多数来自民间，作者几乎渗透于社会的各个阶层。在这些歌词中，值得一说的是《云谣集杂曲子》的发现，这个集子编选了30首作品，从时间上看，明显早于传世的《花间集》《尊前集》，为研究词的起源、形式及内容，提供了宝贵的材料。敦煌歌词由于作者的广泛性，极大地影响了题材内容和创作风格，使得它的题材内容丰富多样，艺术风格多姿多彩。另外，一些民间小唱如《五更转》《十二时》《十二月》《百岁篇》《十恩德》等，也属于敦煌歌词这一范畴。变文是敦煌文学中最引人注目的一部分。所谓变文，是一种韵文和散文混合在一起用于说唱的通俗文学体裁。变文作为一种新的文学体裁，过去竟不为世人所知，幸赖敦煌变文的发现，才使这一问题水落石出，从而解决了中国文学史上许多悬而未决的问题。敦煌文献中的话本小说主要有《唐太宗入冥记》《秋胡小说》《韩擒虎话本》《庐山远公话》等，为后世白话小说的发展开拓了道路。敦煌俗赋有《韩朋赋》《晏子赋》《燕子赋》《丑妇赋》等，是古代辞赋通俗化的产物，和文人赋有明显区别。此外，在讲经文、因缘、押座文、佛赞、偈颂等文体的作品中，也有不少文学性很强的佳作。

敦煌文献中还保存了一些重要的语言学资料，如《玉篇》《切韵》《一切经音义》《毛诗音》《楚辞音》《正名要录》《字宝》《俗务要名林》等。

敦煌文献中的科技史料，则是中国科技史上的一枝奇葩。科技资料主要有数学、天文学、医药学、造纸术和印刷术等方面的内容。数学方面有《九九乘法歌》《算经》《立成算经》等，这些都是我国现存算术书中最早的写本，是研究中国数学史的重要史料。天文学方面，有《二十八宿次位经和三家星经》《全天星图》《紫微垣星图》等，它表明我国天文学在当时已处于世界领先水平，同时也为我国天文学和天文学研究提供了不可多得的资料。古代，天文和历法是密不可分的，敦煌历日大部分是由敦煌人自己编制的，其中《宋雍熙三年（986年）丙戌岁具注历日并序》已引用了西方基督教的星期制。医学类的文献，目前所知，至少在60卷以上，如果再加上佛经中的医学内容，则有近百卷，大致可分为医经、针灸、本草、医方四类。这些医书不仅为传世医书的校勘提供了较为古老的版本，同时，由于这些医籍中保存了一些久已失传的诊法、方药，提供了一些不为人所知的内容，不仅对医学史研究有意义，而且在今日临床医学中也有一定参考价值。敦煌文献保存了4~11世纪连续不断的纸张样本，是研究造纸术的活材料。敦煌文献中的唐咸通九年（868年）《金刚般若波罗蜜经》，是现存最早的雕版印刷品，也是中国发明印刷术的实证。这些科技史料的发现，再次向世人证明中国科学技术在古代居于领先地位。

敦煌文献中除大量汉文文献外，还有相当数量的非汉文文献，如古藏文、回鹘文、于阗文、粟特文、龟兹文、梵文、突厥文等，这些多民族语言文献的发现，对研究古代西域、中亚历史和中西文化交流有着不可估量的作用。

敦煌文献还保存了一些音乐、舞蹈资料，如琴谱、乐谱、曲谱、舞谱等，这不仅使我们能够恢复唐代音乐与舞蹈的本来面目，而且将进一步推动中国音乐史、舞蹈史的研究。

敦煌石窟和敦煌文献的丰富内涵和珍贵价值，不仅受到中国学者的极大重视，而且吸引了世界许多国家的众多学者竞相致力于对它的研究，遂在20世纪形成了一门国际显学—敦煌学，在20世纪国际人文社会科学领域大放异彩。

西千佛洞

The Western Thousand Buddha Caves

西千佛洞是莫高窟的姊妹窟之一，位于敦煌市区西南33公里处党河北岸的崖壁上，因位于莫高窟（千佛洞）之西，故叫做“西千佛洞”。现存北魏、西魏、北周、隋、唐、五代、宋等时代洞窟22个，彩塑53身，壁画910平方米。由于河水长期冲刷、崖体崩塌，致使许多洞窟只剩下后半部分。西千佛洞是敦煌艺术的重要组成部分，并有它自身的特点，这里谷深林密，花草茂盛，环境幽静，堪称世外桃源。

莫高窟北区

Northern Section of the Mogao Grottoes

莫高窟北区（崖壁北段）分布着数百座尚未进行维修加固的洞窟，其中5个洞窟存有壁画等艺术品，其余243个洞窟经敦煌研究院专家发掘，考证其性质为僧房窟、禅窟、瘗窟、礼佛窟、廪窟等，并发掘出一批十分珍贵的文物，为敦煌学研究增添了新的内容。

莫高窟九层楼

The Nine-storey Pagoda

九层楼是第96窟的前半部分，楼体依壁而建，木质结构，气势雄伟，蔚为壮观，是莫高窟标志性的建筑。据史料记载，第96窟建于公元695年，在其后的千余年间，此楼曾多次重修，但原先楼层不多，现存最早的照片（1908年）上是五层，后由敦煌僧俗弟子和士绅共同集资于1936年建成现在的规模。1999年10月，敦煌研究院专家对该窟地下进行了发掘，发现了初唐（695年）、西夏、元、清各代的地面及窟前建筑遗址，从而揭开了这座宏伟建筑千余年来的神秘面纱。

9. 胡杨

Populus Euphratica

胡杨是西北特有的一种十分耐干旱的野生乔木，多生长在戈壁沙漠地带，其叶片从下到上逐渐变阔、变大，枝干最下面的树叶像柳叶，到了树冠就成了状如梧桐的阔叶。深秋季节，树叶金黄发亮，色彩鲜艳夺目，令人赏心悦目。胡杨生命力强，能在极其恶劣的环境里生长，因此当地有“胡杨五百年不死，死了五百年不倒，倒了五百年不腐”之说。

三危山

The Mount Sanwei

三危山与莫高窟隔大泉河东西相望，因其主峰是三座高耸的危峰而得名，海拔1500~1900米。公元366年，一位法名乐僔的僧人来到莫高窟前的大泉河畔，临近傍晚时分，乐僔突然看到三危山“金光万道，状若千佛”。他感悟到这儿是佛地，便在崖壁上开凿了一个佛窟以作供养，从而翻开了莫高窟历史的首页篇章。乐僔看到的这种景象现在也常能看到，这是因为三危山石质呈暗红色并夹杂有云母，夕阳的红光从平坦的戈壁上毫无遮挡地照在山体上，而这时莫高窟前因背阴已显昏暗，人们从这里东望三危山，整座山通红通亮，蔚为壮观，但随着夕阳西下，很快就暗淡了。山顶主峰上有民国年间建造的一座木结构王母宫，山谷里还有清代建的观音井（寺院名）、老君堂等宗教建筑遗存。

白马塔

The White Horse Pagoda

白马塔位于敦煌市区西南的敦煌古城遗址内，距市区约2公里，是为纪念姚秦时的高僧鸠摩罗什的白马而建造的。现在的塔是清道光年间重修的，民国时再次修葺。塔为土坯砌垒，砖包底座，9层，高12米，直径约7米。塔在古城遗址内的南部，四周为农田环抱。

大泉河

The Daquan River

大泉河又名宕泉河，源自莫高窟东南约15公里的山谷腹地，由泉水汇集而成，沿山谷流至莫高窟前，是莫高窟树木花草的生命之泉，也是千余年来建造管理莫高窟的人们的生命之泉。河水细流涓涓，长年不息。每逢大雨，三危山腹地就会有山洪暴发，久而久之，在莫高窟前冲出了一道开阔的河床，每到冬季，河水结冰，逐渐覆盖河床，宛如一条大冰河。河床上建有一座混凝土桥，是通向莫高窟窟区的必经之路。

沙漠驼影

Camels in the Desert

骆驼是千百年来西北沙漠地带人们的主要乘骑。它宽大厚实具有弹性的脚掌不易陷入松软的沙中，在干旱缺水的沙漠里，可以数日不喝不吃，靠消耗贮存在体内的脂肪和营养跋涉不止，被人们称做“沙漠之舟”。

鸣沙山月牙泉

Echoing-Sand Mountain and Crescent Spring

鸣沙山，又名“神沙山”“沙角山”，其中段位于敦煌市区以南5公里处。沙山东西长40公里，南北宽20公里，海拔最高处1200米。沙粒有红、黄、绿、白、黑五种颜色，故也叫“五色沙”。沙峰起伏蜿蜒，山脊如刀。如多人同时从山顶下滑，山体就会发出阵阵轰鸣，其声如滚雷涌地，响彻云霄，故称做“鸣沙山”。在沙山环抱之中，有一弯碧绿的清泉，状若半月，因此称做“月牙泉”。泉东西长218米，南北最宽处54米，平均水深约5米。虽然月牙泉处在沙山环抱之中，但由于地形和风的作用，千百年来并未被沙掩埋，泉边芦苇丛生，近旁建有亭台楼阁。1994年，鸣沙山月牙泉景区被列为全国风景名胜区。

渥洼池

The Wowa Lake

渥洼池，当地人俗称“黄水坝”，汉代叫“寿昌海”或“寿昌泽”，位于敦煌市区西南70公里的南湖乡境内，是由众多的泉水汇集而成的。史料记载：汉武帝元狩三年（前120年），一位被发配到此、名叫暴利长的军犯在这里放牧。他发现常有一群野马前来饮水，其中有一匹马异常骏美出众，便设法捕捉了这匹马，并献给了爱马成癖的汉武帝。为了渲染这匹马的珍奇，他谎称此马是从渥洼池中出来的“天马”，汉武帝为此曾写了一首《太乙天马》之歌。

1. 第288窟　洞窟形制　中心塔柱式　西魏

Central Stupa-pillar Shape of Cave 288. Western Wei Dynasty

这种洞窟形制称做“中心塔柱式”，亦称“塔庙式”，是敦煌早期石窟的主要形制之一。主室前部为人字披屋顶，顶上画有梁檩、椽子等木质构件图形，完全是中原木构建筑的造型。人字披后是平棋顶，中央是方形通顶塔柱。塔柱下段为塔座，上段是塔身，塔身正面开一圆券大龛，南、西、北三面均分上下开双层圆券龛。塔柱四面环通，以供善男信女右旋绕塔巡礼观像。

2. 第428窟　形制　中心塔柱式　北周

Central Stupa-pillar Shape of Cave 428. Northern Zhou Dynasty

这是敦煌早期最大的中心塔柱式洞窟，宽10.8米，进深13.75米。前部的人字披屋顶宽大规整，用土红色画出梁檩、椽子等木质构件的图形。所不同的是中心塔柱四面各开一圆券形大龛，这是中心柱式洞窟的又一种类型。

3. 第285窟　形制　禅窟　西魏

Meditation Cave Shape of Cave 285. Western Wei Dynasty

敦煌早期石窟中的另一种洞窟建筑形制即是这种禅窟，也叫做“僧房”“精舍”等。此窟主室约6米见方，高4.3米。顶为覆斗形，地面正中有一低平方坛。正壁（西壁）开一大二小3个圆券形佛龛，左右（南、北）二壁各开4个小窟，窟门呈圆券形，窟内约1米见方。这种小窟是供僧人们修行禅定的处所。小窟外的几座残塔是元代人修造的。

4. 第285窟　西壁南侧龛内　禅僧像　西魏

Meditating Monk Statue. Niche on the south side of the west wall, Cave 285. Western Wei Dynasty

禅僧塑像在敦煌石窟中为数很少，这身保存完好的彩塑颇具石雕的质感，透过通肩田相纹袈裟，身体各部位的起伏变化准确而自然，给人一种敦实、稳固的美感。面部的塑造尤为成功，嘴唇紧闭，目光下垂内省，表情凝重深沉，生动地展现了进入禅定状态时那种大彻大悟、万念皆空、高深莫测的精神境界。

5. 第432窟　中心柱东向龛外北侧　菩萨　西魏

Bodhisattva. North side of the niche on the eastward face of the central pillar, Cave 432. Western Wei Dynasty

菩萨头戴宝冠，上身半裸，腰束长裙，披长巾，身材修长匀称，形态自然舒展，给人以轻松的美感。

6. 第432窟　中心柱东向龛彩塑一铺　西魏

Group of Painted Clay Figures. East side of the central pillar, Cave 432. Western Wei Dynasty

此窟大部分壁面均为后代重绘，唯塔柱上段完好地保留了西魏原貌。大型圆券龛内塑善跏佛像，龛外两侧塑胁侍菩萨。龛楣以上饰以彩塑供养菩萨。这些塑像不但形体基本完好，而且色彩清新，与色彩绚丽的壁画浑然一体，令人赏心悦目。

7. 第305窟　形制　覆斗式　隋

Main Chamber with Truncated Pyramidal Ceiling of Cave 305. Sui Dynasty

这是带有中心塔柱式影响的覆斗式洞窟，是由北朝向唐代过渡的产物。覆斗形顶，平面呈方形，中央设一塔座形方坛，坛上塑像，窟室四壁、正侧三面各开一圆券形佛龛。

8. 第303窟　形制　中心塔柱式　隋

Central Stupa-pillar Shape of Cave 303. Sui Dynasty

这是一种较为独特的塔庙窟形，主室平面为长方形，前部是人字披顶，后部是平棋顶，后部中央有中心塔柱。塔柱为须弥山形，上部是圆形7级倒塔，下部是方形台座，台座分上下两层，上层四面各开一龛，下层为平面。

10. 第257窟　中心柱南向面上层龛内　半跏菩萨　北魏

Meditating Bodhisattva. Southward-facing niche on the upper part of the central pillar, Cave 257. Northern Liang Dynasty

这尊弥勒菩萨呈半跏坐式（右腿平放在左腿上），上身前倾，右手以一指轻轻支颐，头戴披巾高冠，肌体丰满，面相圆润,五官俊美，神情庄严肃静，展现了菩萨进入思惟境界时的精神风貌。

11. 第435窟　中心柱东向龛北侧　力士　北魏

Warrior. North side of the niche on the eastward face of the central pillar, Cave 435. Northern Wei Dynasty

这身力士像是北魏晚期新出现的题材，造型也较独特。力士肩披宽巾，腰束长裙，形体坚实有力。直立的脖筋，浓眉倒竖，双目凸兀，方口直鼻，面部棱角分明，表情威严勇武。

9. 第432窟　中心柱东向龛南侧　胁侍菩萨　西魏

Bodhisattva. South side of the niche on the eastward face of the central pillar, Cave 432. Western Wei Dynasty

像高1.22米，是这一时期难得的完整作品。菩萨上身半裸，腰束长裙，头戴宝冠，披巾相交于腹前，身材匀称，姿态优雅，略显丰满的面相秀美俊俏，露出和蔼可亲的微笑，给人一种亲切善良的美感。

12. 第259窟　西壁　二佛并坐像　北魏

Two Buddhas Seated Together. West wall of Cave 259. Northern Wei Dynasty

这是凸出壁面的半个塔柱形，龛内以“游戏坐”式并坐的二佛是释迦和多宝。经文里说：法华会上，多宝塔涌现，应与会者请求，释迦打开了塔门，于是，塔内的多宝佛邀请释迦入塔并坐说法。佛像头部虽经后代重修，但未完全改变原形。龛外两侧，各塑菩萨二身，龛内顶部绘有宝盖、飞天等。

13. 第259窟　塔柱南侧　菩萨　北魏

Budhisattva. South side of the central pillar, Cave 259. Northern Wei Dynasty

这尊贴壁而立的菩萨像高1.2米，上身半裸，着披巾长裙，头戴今胜冠，冠后垂金帻。双耳垂环，腕带镯，臂饰钏，璎珞斜垂腹前。衣裙和披巾的塑造尤为细腻，疏密适度的阴刻线增强了衣裙轻薄流畅的质感，展示了丝绸质地优良的特点。

14. 第248窟　中心柱西向龛　苦修佛像　北魏

Meditating Buddha. Niche on the westward face of the central pillar, Cave 248. Northern Wei Dynasty

苦修是释迦为修成佛道而经历的最重要的修行阶段。据说，他在经过了漫长的苦修后，最终在菩提树下成佛。这座双树形佛龛所标示的正是这一情景。佛像形体枯瘦，筋骨凸现，但端庄清秀的面目中蕴含着深沉的自信和执著，显示出非凡的智慧和刚毅。

15. 第248窟　中心柱东向龛内　说法像　北魏

Buddha Preaching the Law. Niche on the eastward face of the central pillar, Cave 248. Northern Wei Dynasty

说法像是最常见的佛像之一。这尊佛像身着通肩袈裟，结跏趺坐于莲花座上。作品线条简洁、流畅，造型典雅、端庄。背光上的石青火焰纹色鲜如新。龛柱、龛梁、龛楣也保存完好。龛外两侧塑胁侍菩萨。

16. 第259窟　北壁　禅定佛　北魏

Meditating Buddha. North wall of Cave 259. Northern Wei Dynasty

坐禅是佛家修炼的重要形式。这尊禅定佛身着通肩袈裟，造型简洁洗练，秀美的面相恬静、安详，坦然的微笑洋溢着内心的宁静与喜悦，展现出一种超然美妙的境界，这种具有永恒魅力的微笑给作品注入了强大的艺术生命力。

18. 第297窟　西壁　彩塑一铺　北周

Group of Painted Clay Figures. West wall of Cave 297. Northern Zhou Dynasty

这是一铺保存基本完好的北周彩塑原作，十分难得。龛内主尊塑善跏坐佛，南北两侧塑北周时期才开始出现的阿难、迦叶二弟子，龛外两侧塑侍立菩萨。塑像头部略大，肉髻低平，身材稍短，是这一时期新出现的造型风格。这种风格对其后隋代的造型艺术产生了直接影响。

17. 第297窟　西壁　羽人像　北周

Relief Sculpture of Celestial Being. West wall of Cave 297. Northern Zhou Dynasty

羽人是中国古代神话中“臂化为羽”乘龙升天的仙人。北朝后期，频频出现在佛教石窟里，或画或塑，反映出当时中国传统的神仙思想与佛教思想的相互影响。这身彩塑羽人高0.5米，是这一题材彩塑作品中幸存的精品。

19. 第272窟　北披　伎乐　北凉

Musicians in a Heavenly Palace. North slope of the ceiling, Cave 279. Northern Liang Dynasty

位于壁面顶端的伎乐身处天宫，身前有凹凸相间的天宫栏墙。伎乐上身裸体，长裙束于小腹之下，舞姿优美婀娜。表现立体明暗的晕染变成了黑褐的粗线，使简练概括的造型显得更加古朴。

20. 第272窟　西壁南侧　供养菩萨　北凉

Attendant Bodhisattvas. Southern section of the west wall, Cave 272. Northern Liang Dynasty

这二十身供养菩萨呈五身一排的横向排列，他们虽然全部都是坐式，但个个动态灵巧优雅，身段婀娜。他们的形态、手势虽无一类同，但相互间似乎存在着某种必然的联系，呈现出一种气韵贯通的整体效果和浑然有序的韵律美感。

22. 第275窟　南壁　出游四门　北凉

The Four Encounters. South wall of Cave 275. Northern Liang Dynasty

传说释迦牟尼为净饭王太子时曾出游王城四门，在郊外见到了人世间生老病死诸多苦难，随之决意出家修行，解救众生脱离苦海。画中的城门为汉式阙楼形，画面右侧有一位须发皆白、骨瘦如柴的老人，这是太子出南门遇见老人的情景。

21. 第275窟　北壁　毗楞竭梨王本生　北凉

Jataka of King Bi-leng-jie-li (North Wall), Cave 275. Northern Liang Dynasty

故事说：毗楞竭梨王为普救众生，广求妙法。一个名叫劳度叉的婆罗门自称可以传授妙法，但听法者必须先在身上钉1000颗钉子。毗楞竭梨王欣然应允，让劳度叉在身上钉了1000颗钉子。获得妙法的毗楞竭梨王最后终于修成佛果。图中劳度叉正向毗楞竭梨王胸部钉钉，地上跪着一位表情悲切的眷属。画面高度简练、概括，突出表现了钉千钉这一情节。

23. 第275窟　西壁　交脚弥勒菩萨　北凉

Cross-ankled Maitreya. West Wall of Cave 275. Northern Liang Dynasty

这是莫高窟早期最大的彩塑，高3.34米。坐双狮座（两侧各有一头狮子），左手作与愿印，头戴化佛宝冠，长发披肩，项饰璎珞，腰束羊肠裙。塑像肩宽腰细，体魄浑厚坚实，面相丰圆，神情恬静庄重。这种具有十六国时期显著特征的造像带有明显的西域佛教艺术的影响，是敦煌早期彩塑艺术的典型作品。

24. 第285窟　南壁　五百强盗成佛之放逐山林　西魏

The Story of Five Hundred Bandits Becoming Buddhas (banished to the forest). South wall of Cave 285. Western Wei Dynasty

被挖去双眼放逐山林的强盗们身处山林荒野,个个赤身露体，有的哀号狂奔，有的仰天长叹，痛苦万状。作者生动地描绘了强盗们此时此刻所处的环境和凄惨绝望的心情。近旁悠闲吃草的野羊既展现了他们所处的环境，更衬托出了他们与野兽共处的悲惨状况。画中人物形象生动传神，具有强烈的表意效果。

25. 第257窟　西壁　九色鹿本生之“鹿与国王”　北魏

Jataka of the Nine-colored Deer (Deer and king). West wall of Cave 257. Northern Wei Dynasty

故事说：深山里有一只美丽善良的九色鹿，一天，它不顾生命危险从汹涌的河里救出一个落水的人。此后不久，贪婪的王后夜梦九色鹿，便想用其皮毛做衣饰，落水者见利忘义，出卖了九色鹿。国王得知实情后，不但未加伤害，还下令保护九色鹿。画面为长卷式，这是鹿与国王对话的场面，画中的九色鹿并未像经文里所说的跪在国王面前，而是昂首挺胸，毫无乞怜和惧色，生动地表现了作者惩恶扬善的创作情感。

26. 第254窟　南壁　萨埵太子本生　北魏

Jataka of Prince Mahasattva. South wall of Cave 254. Northern Wei Dynasty

萨埵太子与二兄在深山遇见一只母虎和几只幼虎，因饥饿奄奄一息。为救虎命，善良的萨埵舍身饲虎，闻讯赶来的国王夫妇抱尸痛哭，收拾遗骸起塔供养。图上部中间是太子三人，右侧上部画太子刺项跳崖，下为饲虎，左下画二兄见尸骸并回告父母，左上是父母抱尸痛哭和起塔供养。画面以“异时同图”的构图方式，将所有情节穿插集中在了一起。图中白发老母怀中的太子遗骸完好无损，从而冲淡了画面的悲剧气氛。由于变色严重，画面较为模糊。

27. 第428窟　东壁门南侧　萨埵太子本生　北周

Jataka of Prince Mahasattva. Southern section of the east wall, Cave 428. Northern Zhou Dynasty

这是同一题材中最大的画面，构图为横向三排的连环画形式，情节发展自上而下呈“S”形走向。故事说：萨埵太子与二位兄长进山游玩，在山里遇见一只母虎和七只幼虎，因为饥饿，这八只虎已奄奄一息。萨埵为救虎命，刺颈出血，跳下山崖，坠落虎旁，众虎得食而获救。画中的山林房舍既是故事发生的环境，也是情节的间隔，图案化了的山峦树木在表意的同时还富有装饰的效果。

28. 第428窟　东壁门南侧　萨埵太子本生之驰马还宫　北周

Jataka of Prince Mahasattva (riding back to the palace). Southern section of the east wall, Cave 428. Nothern Zhou Dynasty

萨埵太子舍身喂虎后，他的二位兄长急忙回家报信，巨大的悲痛使他们心急如焚，恨不得立刻赶回宫中。画面上，二马飞奔，两旁的树木被带起的风刮得向前倾斜，生动地渲染了马跑的速度和二位兄长急切的心情。

29. 第249窟　北披　狩猎图　西魏

Hunting Scene. Northern slope of the ceiling, Cave 249. Western Wei Dynasty

狩猎是古代西北地区少数民族主要的生活方式，图中右侧身姿矫健的猎人持枪催马，马前三只野羊飞奔急驰，形象活灵活现，呼之欲出。下方的猎人骑着马，正在追赶一只野牛，突然，他身后又来了一只老虎，艺高胆大的猎人借跃马腾空之势，回身一箭向老虎射去，场面惊心动魄。画家技艺高超并十分熟悉狩猎生活，准确生动地再现了这一幕扣人心弦的惊险画面。

30. 第305窟　北壁　飞天　隋

Apsaras. North wall of Cave 305. Sui Dynasty

与北朝相比，隋代的飞天更趋灵巧多姿，柔若无骨的腰身扭曲变化，潇洒自如，长长的巾带迎风飘舞，在行云飞花的映衬下,更显得满壁风动，令人遐思。

31. 第296窟　北壁　微妙比丘尼（局部）　北周

The Story of Bhiksuni Patacara（section）. North wall of Cave 296. Northern Zhou Dynasty

故事说：微妙比丘尼因“前生”有罪，今世受到报应，为了赎罪，出家为尼。画面着重描述了她今世遭受的种种报应：丈夫被蛇咬死，儿子遭狼食，娘家人火灾遇难，后夫杀子，夫死殉葬，获救再嫁，新夫又死，等等，接踵而来的苦难遭遇令人毛骨悚然，不寒而栗，以此告诫人们万万不可作恶。画面简洁概括，形象生动传神，房舍、树木、山峦，既是故事发生的环境，又增强了画面的生活气息和叙事功能。

32. 西千佛洞第6窟　东壁下部　供养马车　北周

Carriage. Lower part of the east wall, Cave 6 of the Western Thousand Buddha Caves. Northern Zhou Dynasty

在敦煌石窟中，从早期到晚期的壁画里都画有各种车的形象，有马车、骆驼车、牛车、羊车、鹿车，甚至龙车、凤车等。如果我们把这些车按时代顺序排列起来，无疑是一幅千年间车辆发展演变的形象资料。而且就功能和用途而言，车的种类也很多。由于车的实物无存，这些画出来的车越发显得珍贵。图中的供养车由一匹马和一头牛共同驾驶，是十分独特的车型。

33. 第407窟　窟顶　藻井图案　隋

Caisson Pattern. Ceiling of Cave 407. Sui Dynasty

藻井井心是巨大的八瓣莲花，花瓣重叠，花心圆圈内是三只相互追逐的兔子，三只兔子共有的三只耳朵构成一个等边三角形，单独看，每只兔子仍是两只耳朵，构思巧妙而有创意。莲花四周仿佛是蔚蓝的天空，八身飞天在空中环绕飞翔，井心四边用菱格莲花等纹样装饰而成，四壁画垂角幔帷，这是隋代具有代表性的藻井图案之一。

34. 第329窟　窟顶　藻井图案　初唐

Caisson Pattern, Ceiling of Cave 329. Early Tang Dynasty

覆斗形窟顶的藻井图案，井心画重瓣莲花，花心是五色转轮；四身飞天手持鲜花，乘行云流彩，环绕莲花，飞旋翱翔于蓝天碧空。四周的边饰由卷草、方格、连珠纹以及垂角幔帷等装饰而成。藻井外围环绕伎乐天十二身。画面动静相宜，疏密有致，色彩层次分明，华丽清晰，令人赏心悦目，是初唐藻井图案中的精品佳作之一。

35. 西千佛洞第7窟　中心柱正面龛楣　北周

The Lintel of the Niche. Eastward face of the central pillar, Cave 7 of the Western Thousand Buddha Caves. Northern Zhou Dynasty

在敦煌壁画中，用绿色作为龛楣底色的画法极为少见，这也正是西千佛洞自身特点的一种表现。龛楣正中画一佛二菩萨的说法图，两侧是十数身飞天和供养伎乐，边沿是规整的火焰纹装饰。飞天伎乐形体纤巧，动态优美。青绿底色使人物显得更加突出，增强了画面的意境和装饰效果。

36. 第257窟　窟顶　游泳图案　北魏

Swimming Pattern. Ceiling of Cave 257. Northern Wei Dynasty

画中以四方图案套叠形式表现的是建筑上的平稳结构，外层叉角画飞天，中层四角画火焰纹，中心方井是碧澜清澈的莲池，池中有四身裸体仙人在游泳，泳姿舒展优美。这种独特的构图颇有新意，熟练的人体描绘也是值得注意的现象。

37. 第420窟　西壁龛内南侧
菩萨　隋

Bodhisattva. In the south side of the central niche, Cave 420. Sui Dynasty

菩萨肩宽腰细，身材修长，亭亭玉立。面部造型丰满，五官轮廓清晰。形象俊美典雅，表情端庄沉静。衣饰塑造手法简练而有质感。

38. 第196窟　中心佛坛北侧　菩萨　晚唐

Bodhisattva. Northern part of the central altar, Cave 196. Late Tang Dynasty

菩萨为四面环通的圆塑，半跏趺坐于莲座上，莲座高2.65米。菩萨肌肤丰厚，体形硕壮，肤色莹白光洁，姿态优雅自然，神态沉静安详、端庄俊逸，全身散发出生命的活力，是晚唐时期不可多得的精品佳作。

39. 第16~17窟　形制影窟　晚唐

Commemoration Cave (Cave 17)Shape of Cave 16~17. Late Tang Dynasty

第16窟是大型背屏式洞窟，主室中央设马蹄形佛床。位于第16窟甬道北壁的第17窟是中晚唐时期河西高僧洪辩的“影窟”，亦称“影堂”“塑堂”，属纪念性建筑，内有洪辩塑像。此窟高出甬道地面，门高1.84米，窟内地面近于方形，东西两边各长2.7米左右，南北两旁各长约2.8米，壁高近2.5米，窟顶为覆斗形，顶高0.5米，至地面约3米。正壁（北壁）有一与壁面连接的禅床式低坛，高0.45米，东西长1.78米，南北宽0.85米，沿北壁向下又凿出一个长方形凹坑，坑深0.48米，东西长0.98米，南北宽0.75米，坑内四壁平整，洪辩塑像即安置在此坛上。在西壁嵌有一通石碑，即洪辩告身敕牒碑。此窟后被密封，1900年被发现，因内藏5万余件经文等珍贵资料，故被称作“藏经洞”。

41. 第158窟　卧佛　中唐

Buddha in Nirvana. Cave 158. Mid-Tang Dynasty

这尊释迦牟尼涅槃像全长近16米，石胎泥塑。据传，释迦涅槃时是“右胁而卧”，因此，所有表现这一题材的形象都基本与此相同。佛像面部丰满，微含笑意，表情安详而欣慰，生动地表现了涅槃境界的高深莫测，是同一题材中最负盛名的佳作。

40. 第130窟　大佛　盛唐

Giant Buddha, Cave 130. High Tang Dynasty

这尊石胎泥塑的弥勒佛像通高26米，是敦煌石窟中的第二大佛，因位于窟内，人们只能近距离观看，为了校正仰视造成的视觉差，作者有意加大了头部的比例，同时，夸张了面部及五官形体的起伏转折，使佛像面部在来自窟外的光照下，显得眉目清晰，轮廓分明，增强了作品的艺术效果和表意功能。此像仅右手和衣褶局部做过重修，其余均为盛唐原作，虽色彩多有变化和磨损（风沙所致），但形体未变，是不可多得的巨型唐塑精品。

42. 第158窟　形制　涅槃窟　中唐

Nirvana Cave Shape, Cave 158. Mid-Tang Dynasty

在莫高窟，大型涅槃窟只有两座，另一座是凿建于盛唐的第148窟，主尊都是石胎泥塑、身长约16米的释迦牟尼涅槃像，通常称作“卧佛”或“睡佛”。此窟平面为横长方形，进深约7米，横长约17米，后部有1米多高的横长大台，大台上又有较低的通长小台，其形状如榻，佛像即侧卧其上。窟顶呈盝顶形，顶四披断面为凹曲线，是凹曲屋面的表现形式。

43. 第419窟　西壁龛内南侧　菩萨与阿难　隋

Bodhisattva and Ananda. In the south side of the central niche, Cave 419. Sui Dynasty

与北侧对称的这尊菩萨具有共同的造型特征，在塑造手法上，注重了身体各部位的起伏变化，璎珞、巾带、衣饰的塑造简练、厚重、层次分明。阿难的形象十分精彩，俨然是一个稚气未脱的孩童形象，光洁圆润的脸庞，俊俏秀美的五官，眉宇间透露着智慧，甜甜的表情中蕴含着聪明和自信。虽是佛门弟子，但更像人见人爱的世间神童。

44. 第419窟　西壁龛内北侧　菩萨与迦叶　隋

Bodhisattva and Mahakasyapa. North side of the central niche, Cave 419. Sui Dynasty

菩萨身高1.81米，通常把这种与人身高相近的塑像叫等身像。菩萨造型浑厚丰满、健康端庄、神情沉静，具有一种女性的成熟美。迦叶虽年事已高，形容消瘦，但这位历经苦修的高僧心胸豁达，表情爽朗，给人以坦荡无邪的亲近感。

45. 第419窟　西壁　彩塑一铺　隋

Group of Painted Clay Figures. West wall of Cave 419. Sui Dynasty

这组塑像是隋代彩塑精品。主尊跌坐佛丰满圆润，塑造手法洗炼，著田相袈裟，以阶梯式手法表现衣纹。佛两侧分别塑弟子、菩萨像，龛口两边塑缠枝莲花龛柱，龛梁两头各塑一龙首。

46. 第328窟　西壁佛龛　彩塑一铺　初唐

Group of Painted Clay Figures. Niche in the West Wall, Cave 328. Early Tang Dynasty

龛内外原有彩塑九身：一佛、二弟子、二菩萨、四供养菩萨，其中龛内南侧的供养菩萨于1924年被美国人华尔纳盗走，现存美国哈佛大学艺术博物馆。这是一组十分精美的盛唐彩塑作品。

48. 第328窟　龛内南侧　阿难　初唐

Ananda. Southern section of the central niche, Cave 328. Early Tang Dynasty

阿难是释迦最亲近的年轻弟子，在众多的佛门弟子中向以“多闻第一”著称。据说，他能一字不漏地背诵出释迦讲过的经文，并对释迦之后佛教的传播和发展起过至关重要的作用。这身阿难像十分生动，他潇洒自然地侍立佛旁，双手抱于腹前，腰身微微扭曲，显得十分大方得体。作者运用近乎写实的手法，塑造了这位年轻、俊美、聪慧的高僧。特别是他的面部表情，微合的双眼，紧闭的嘴唇，透露出一股矜持、自负的神情，给作品注入了更加感人的艺术生命。

49. 第328座　龛内北侧　迦叶　初唐

Mahakasyapa. Northern section of the central niche, Cave 328. Early Tang Dynasty

迦叶与阿难不但有年龄的差异，经历和特长也不相同。迦叶以“苦修第一”著称，作品着重突出了这一特征，消瘦的身躯挺立得端正笔直，双手合十，双眉紧锁，苦修的艰辛在他脸上留下了深深的印记，老成持重中透露出智慧和虔诚，生动地展现了他饱经风霜的精神风貌。

47. 第328窟　西壁龛内主尊　佛　初唐

Buddha. Niche on the West Wall, Cave 328. Early Tang Dynasty

像高2.19米，除面部和手的肤色是后代重绘外，其余部分都是盛唐原貌，这在唐塑佛像中是极为难得的。佛像的制作具有严格的规范，作者不可任意创新，但作者在塑造佛光、佛座、衣褶、垂裙时充分运用雕塑的特长，并敷以丰富绚丽的色彩，使庄严的佛像变得富丽华贵。

50. 第328窟　西壁龛内南侧　菩萨　初唐

Bodhisattva. South section of the central niche, Cave 328. Early Tang Dynasty

这是与观音菩萨相对而坐的大势至菩萨。无论是塑还是画，这两尊大菩萨都处在左右对称的同等位置上，大小形态都基本一样。大势至菩萨法力广大，无所不至，但中国老百姓自古笃信观音菩萨，相信大慈大悲的观音菩萨能救苦救难，故而对大势至菩萨较陌生。

51. 第328窟　龛内北侧　供养菩萨　初唐

Attendant Bodhisattva. Northern section of the central niche, Cave 328.
Early Tang Dynasty

供养菩萨是菩萨中地位较低的菩萨，他端庄地半跪在莲花座上（这种坐式叫胡跪），表情文静、虔诚，是同一题材中的佳品。在与他对称的南侧位置，原有一尊同样的供养菩萨，1924年被美国人华尔纳盗走，现存美国哈佛大学艺术博物馆。

52. 第328窟　龛内北侧　观音菩萨　初唐

Avalokitesvara. Northern section of the central niche, Cave 328, Early Tang Dynasty

菩萨作游戏坐式，高1.9米，是众多唐塑菩萨中保存较好的原塑作品。作者技法娴熟，充分发挥了泥塑彩绘的特长，使肌肤和衣裙、披巾、佩饰等具有了不同的质感。特别是轻柔光洁、自然下垂的衣裙，俨然是质地精良的锦缎，加之绚丽夺目的色彩，更显得雍容华贵。菩萨形象端庄，气质高贵典雅，神态深沉而充满了智慧，充分展示了这位大士的风采。

53. 第205窟　中心佛坛上　彩塑一铺　初唐

Group of Painted Clay Figures. Central altar, Cave 205. Early Tang Dynasty

佛坛上的这一铺彩塑是一佛、二弟子、二菩萨、二供养菩萨、二天王，共九身，从残损的情况来看，带有明显的人为破坏痕迹，尽管如此，这铺彩塑仍不失其精美，尤其是菩萨、天王和弟子残留部分的造型，手法高超、生动传神，从中不难窥见其精美超群的风采。

54. 第159窟　西壁龛内北侧　菩萨　中唐

Bodhisattva. Northern section of the central niche, Cave 159. High Tang Dynasty

菩萨上身裸露，形体丰美，晶莹白皙的肌肤细腻润泽，姣美的面相微含笑意，文静安详，和蔼可亲。用相粉涂染的肤色略带瓷质效果，至今保持着特有的光泽。

55. 第159窟　西壁龛内南侧　菩萨　中唐

Bodhisattva. Southern section of the central niche, Cave 159. Mid-Tang Dynasty

菩萨头梳高髻，长发披肩，项饰璎珞，身穿小花内衣，外罩海石榴卷草纹帔子，下着团花罗裙，丰腴健美的形体稍有“S”形扭曲，气质高雅大度。满身锦绣罗绮，花团锦簇，衣饰图案绘制精美，色调清雅，和谐统一。

56. 第194窟　西壁龛内南侧　菩萨　盛唐

Bodhisattva. Southern section of the central niche, Cave194. High Tang Dynasty

菩萨头梳双垂髻，长眉连鬓，双目低垂，嘴角深陷，面相方圆丰腴，身穿圆领无袖上衣，肩披长巾，下着罗裙，衣裙彩绘素雅华贵，富有丝绸柔软光鲜、自然下垂的质感。菩萨姿态端庄典雅，神情贤淑文静，健康靓丽的女性美使他更像俊俏秀美的少妇。

57. 第194窟　西壁龛内北侧　菩萨　中唐

Bodhisattva. North section of the central niche, Cave 194. Mid-Tang Dynasty

像高1.48米，上身半裸，头挽垂环高发髻，上身裸体，肩披巾，腰束锦绣长裙，肌肤丰润莹洁，给人以柔软细腻的感觉，慈悲可亲的笑容里蕴含着憨厚和诚实。

58. 第96窟　大佛　初唐

Giant Buddha Statue. Cave 96. Early Tang Dynasty

这是敦煌石窟中最大的高彩塑佛像，通高35.5米，这种巨型佛像一般都采用石胎泥塑的方法塑造而成，即在开凿洞窟的同时，在岩体上雕出佛像的大体胎形，然后用草泥塑出形体细部，最后彩绘而成。这是一尊弥勒佛像，完成于武则天时代的695年，但面部、右手及衣饰彩绘已几经重修。

59. 第45窟　龛内南侧　阿难　盛唐

Ananda. Southern section of the central niche, Cave 45. High Tang Dynasty

这身年轻潇洒的阿难，操手扭腰，身体自然放松，无拘无束而又不失得体大度。相比之下，他那低垂的目光和表情又多了一分老成和文静。

60. 第205窟　佛坛南侧　菩萨　初唐

Bodhisattva. Southern part of the central altar, Cave205. Early Tang Dynasty

菩萨为游戏坐式（半跏趺坐），虽已残损，但仍不失其丰腴健美的风采，厚实健壮的躯体充满了生命的活力，起伏的肌肤仿佛富有肉体的弹性和质感。作者技术高超，一丝不苟，精心塑造这尊圆塑的每一个部位，以致我们从任何一个角度去观赏，都会感觉到一种美的愉悦。我们不妨把他看作中国古代人体艺术在宗教美术作品中的表现。肤色经过变化已呈黑红色。

61. 第194窟　西壁龛外北侧　力士　盛唐

Warrior. Northern outside of the central niche, Cave 194. High Tang Dynasty

力士是次于天王的护法神，一般都是半裸，腰束短裙，这种形象能更直接地表现强健的体魄。作品在写实的基础上运用艺术夸张的手法，刻意强调了肌肉的隆起和健美的造型。力士跨步展臂，凸目张口，仿佛定格在大喝一声的瞬间情景中，全身凝聚着无穷的爆发力，那张开的五指强劲有力，似乎能力催千钧。作者以精湛的技艺，在塑造人体美的同时，突出了“力”的内在神韵，并以刚直善良的形象使人感到力士既威武又和蔼可亲。

62. 第45窟　西壁佛龛　彩塑一铺　盛唐

Group of Painted Clay Figures. Niche on the west wall, Cave 45. High Tang Dynasty

这是一组保存完好的唐塑原作精品：一佛、二弟子、二菩萨、二天王。正中的释迦牟尼佛结跏趺坐，左手置于膝上，右手作施无畏印，身着僧袛支、红色袈裟，脸形丰满圆润，庄严、肃穆、慈悲、安详。 身后的佛光色彩绚丽，华贵堂皇。弟子、菩萨、天王个性特征鲜明，塑造精美，皆为同类中的精品。

64. 第45窟　西壁龛内北侧　菩萨　天王　迦叶　盛唐

Mahakasyapa, Bodhisattva and Heavenly King. North side of the central niche, Cave 45. High Tang Dynasty

龛内塑像的排列组合以佛为主尊。佛的左侧（北侧）依次为弟子迦叶、观世音菩萨和天王。迦叶是以“苦修第一”著称的佛弟子，原为外道信徒，43岁时皈依佛门，他年高、老成、刚毅。中间的观音菩萨上身半裸，腰束长裙，形体呈自然的“S”形，优美而自然，是善良和女性美的完美结合。天王是镇压邪恶、护持佛法的护法神，他脚踏恶鬼，刚直不阿。三尊像身份不同、各显风采，是同类作品中出类拔萃的精品佳作。

63. 第45窟　西壁龛内北侧　菩萨　盛唐

Bodhisattva. North side of the central niche, Cave 45. High Tang Dynasty

观音是大慈大悲救苦救难的菩萨，历来受到广大信众的崇拜和信奉。中国的观音形象很早就开始女性化了，以致明清以后完全变成了女性，但在此之前的观音形象仍具有明显的男性特征，最显著的是都有胡须，胸部也比较平。这尊观音头戴宝冠，发梳高髻，上身半裸，肌肤圆润光洁，佩饰披巾、璎珞、臂钏、手镯等物，俊美中蕴含着女性的妩媚。他目光低垂，神情专注，仿佛正在侧耳聆听着朝拜者的倾诉。他是慈悲和善良的化身，是理想和艺术创作的完美结晶。

65. 第45窟　西壁龛内南侧　阿难　菩萨　天王　盛唐

Ananda, Bodhisattva and Heavenly King. South side of the central niche, Cave 45. High Tang Dynasty

佛教群像的排列，有严格的主从序列。这是位于主尊释迦牟尼右侧的侍从阿难、大势至菩萨、天王，三身像身份不同，每一身都具有鲜明的形象特征。中间的大势至菩萨法力广大，无所不至，与观音菩萨齐名。天王的职责是护法，脚踏地神（恶鬼），威风凛凛。三身像风采各异，传神而生动。

66. 第45窟　龛内北侧　迦叶　盛唐

Mahakasyapa. North side of the central niche, Cave 45. High Tang Dynasty

这身迦叶像，精神饱满，表情爽朗、豁达，眉宇间透露出对佛的赤诚和谙熟佛法的自信。高深的阅历造就了他深沉、稳健、刚毅的性格特征。

67. 第45窟　西壁龛顶　见宝塔品　盛唐

Chapter of the Jeweled Pogoda. Above the niche on the west wall, Cave 45. High Tang Dynasty

见宝塔品是法华经的内容之一。画面正中帐形多宝塔内是并坐说法的二佛，一尊是释迦，一尊是多宝。塔帐横楣装饰着璎珞流苏悬铃，帐顶放射五彩光芒。两侧侍立着众多的菩萨。四周彩云环绕，表示释迦以神通力将宝塔和圣众升在了虚空。画面意境庄严、色彩华丽，装饰效果浓郁。

68. 第46窟　南壁龛内西侧　舍利弗　盛唐

Sariputra. West side of the niche on the south wall, Cave 46. High Tang Dynasty

释迦牟尼涅槃后，僧俗弟子纷纷前来送别，大家悲痛欲绝，弟子舍利弗更是痛不欲生，当场自焚身亡。这身舍利弗是现存唯一的塑像，他面向释迦结跏趺坐在释迦牟尼脚后，头裹巾帕，低眉垂目，神情虔恭执著。作品以娴熟洗练的手法达到了表情达意的效果。

69. 第46窟　西壁龛内北侧　天王　盛唐

Heavenly King. North side of the niche on the west wall, Cave 46. High Tang Dynasty

这是与南侧相对称的天王，虽然头发和面部色彩经后代重绘，但仍不失唐塑的气质和风采，他脚下的恶鬼（地神）是长着连鬓胡须的胡人像，地神躯体肥壮，满脸横肉，目露凶光，塑造得非常生动。天王威风凛凛，嘴巴张开，定格在发出一声令人惊惧的"哈"声的神情中。南北二身天王，一身"哼"一身"哈"，这就是所谓的"哼哈二将"。他们守护在佛龛两侧，有着维护佛法、镇压邪恶的震慑作用。

70. 第17窟 （藏经洞） 洪辩像 晚唐

Statue of Hong Bian. Cave 17 (the Hidden Library). Late Tang Dynasty

洪辩是中晚唐时期在河西享有崇高地位的高僧，唐王朝敕封他为“京城内外临坛供奉大德兼河西释门都僧统知沙州僧政法律三学教主”，并赐紫衣。这是洪辩的真容纪念像，体内装有他的骨灰袋。像高0.94米，身穿田相袈裟，结跏趺坐，造型写实传神，神态庄重沉稳，生动地表现了这位德高望重的大唐高僧的气质和风貌。塑像虽历经1100余年，但保存完好，是十分珍贵的高僧真容彩塑作品。

71. 第322窟　西壁龛内　彩塑一铺　初唐

Group of Painted Clay Figures. Niche on the west wall, Cave 322. Early Tang Dynasty

龛内彩塑共七身，依次为一佛、二弟子、二菩萨、二天王。塑像的形式，已由隋代的后背贴壁变成了离开壁面的独立圆塑。天王塑像也由隋代窟门内两侧的位置移进了龛内，使龛内以佛为主尊的塑像组合更趋完整。这组彩塑，形体略显单薄，脸瘦、鼻高、嘴阔，菩萨头上的高髻以小辫编结而成，与西北地区少数民族相似，是敦煌彩塑中风格独特的造型。

72. 第322窟　西壁龛内北侧　天王　初唐

Heavenly King. North side of the central niche, Cave 322. Early Tang Dynasty

天王身材修长高大而略显纤细单薄，表情憨厚、善良并微露亲切的笑意，其面相带有明显的胡人特征，或许此窟的主人是胡人，至少说明当时军旅中有胡人。

73. 第322窟　形制　覆斗式　初唐

Main Chamber with Truncated Pyramidal Ceiling. Cave 322. Early Tang Dynasty

覆斗式是隋唐后敦煌石窟的主要窟形。窟室平面均为方形，顶为覆斗形，无中心柱，正壁开龛，内塑佛像等，这种龛应是佛殿的象征。此窟正壁（西壁）开一双层大龛，这是隋末唐初流行的龛形。

74. 第57窟　南壁　说法图　初唐

Buddha Preaching the Law. South wall of Cave 57.
Early Tang Dynasty

图中阿弥陀佛结跏趺坐于双狮座上，作说法相，上有宝盖双树，侧立迦叶、阿难二弟子，观音、大势至等十菩萨和二力士。画面构图紧凑，描绘精细，设色富丽。特别是淡朱晕染的肤色和沥粉堆金的衣冠服饰，使画面更显得华贵富丽。

75. 第57窟　南壁　观世音菩萨　初唐

Avalokitesvara. South wall of Cave 57.
Early Tang Dynasty

在众多的唐代菩萨形象中，这尊观世音画像是最佳精品之一，被人们赞誉为美人像，此窟也因此而被称做“美人窟”。菩萨体态婀娜，肌肤光洁细腻，长目细眉，唇红鼻直，文静典雅，姣美妩媚。沥粉堆金的宝冠佩饰和淡朱晕染的肌肤使他更显得与众不同，华贵富丽。

76. 第329窟　西壁龛顶北侧　乘象入胎　初唐

The Conception. Northern section of the central niche's ceiling, Cave 329. Early Tang Dynasty

经文说：佛母摩耶夫人梦见一位天神乘六牙白象从天而降，来到近旁，从此有感而孕，后生下太子，便是释迦牟尼。图中天神高坐象背，白象（已变为黑褐色）脚踩莲花，前有乘龙仙人引路，四周祥云缭绕，天花朵朵，一派祥瑞喜庆景象。

78. 第217窟　北壁　观无量寿经变　盛唐

The Illustration of Amitayurdhyana Sutra. North wall of Cave 217. High Tang Dynasty

经变主尊是阿弥陀佛和四胁侍菩萨，两侧平台上分别是以观音和大势至为首的菩萨群像。画面背景是宏大的建筑群，建筑群中部是前、后佛殿，两侧有回廊环绕，自成小院。前佛殿两侧共有相对称的八座建筑，有钟台（西侧）、经台（东侧）及各种造型的阁楼，整座建筑布局对称，宏伟壮观，透视比例较为准确，结构部件描绘得具体清晰，色彩斑斓，华贵富丽，是珍贵的建筑形象资料。

77. 第329窟　西壁龛顶南侧　夜半逾城　初唐

The Great Departure. Southern section of the central niche's ceiling, Cave 329. Early Tang Dynasty

悉达太子长大成人后，有感于人世间生老病死诸多苦难，立意出家寻求佛道，以救众生。其父不允，太子便趁半夜骑马离宫出走，天神金刚为助太子成行，托着马蹄逾城而过。图中骑虎仙人在前引路，周围彩云翻飞，天花飘落，特别是手托马蹄的金刚力士，个个身体强健，腾云驾雾，正迈开大步向前奔跑，有的还边跑边回头观看，似乎怕有人追赶，生动地渲染了半夜偷偷出走时急切紧张的心情。

79. 第217窟　北壁上部　穿楼飞天　盛唐

Flying Apsaras. Upper section of the north wall, Cave 217. High Tang Dynasty

飞天拖着长长的巾带穿楼而过，就像技术精湛的杂技演员在做高难度的表演动作，身轻如燕，上下翻飞。巾带随风飘舞，烘托出强烈的动感和速度。

80. 第217窟　南壁　法华经变之化城喻品　盛唐

Parable of the Illusory City of the Saddharmapundarika Sutra. South wall of Cave 217. High Tang Dynasty

一行人前往宝池取宝，但山高路远，艰难险阻，众人畏难退缩，想中途返回。这时，导师以神通力化出一城（右下角），让众人入城休息后继续前行。导师随即又隐去化城。这是一幅以青绿山水为背景的故事画，图中山峦青翠，河流蜿蜒，行人自远而近穿行其间，充满了诗情画意，是一幅出色的山水人物画。

81. 第156窟　北壁　宋国夫人出行图　晚唐

Procession of Lady Song. North wall of Cave 156. Late Tang Dynasty

宋国夫人是张议潮的妻子，两幅出行图位置对称、大小无异，只是人物组成不同。这是夫人出行图中位于前导的歌舞百戏。精彩的戴竿表演中，一人头顶高竿，两臂伸展把握平衡，竿上端有“十”字形横竿，四个小童在竿上做各种惊险的表演。其后是行进乐舞，在悠扬的乐曲声中，四舞者长袖飞扬，舞姿欢快舒展。画面生动、写实而富有生活气息。

82. 第156窟　南壁　张议潮出行图　晚唐　Procession of Zhang Yichao. South wall of Cave 156. Late Tang Dynasty

唐中期，河西地区曾一度被吐蕃奴隶主占据，后张议潮率众起义，推翻了吐蕃统治，唐王朝因此敕封张议潮为河西十一州归义军节度使。出行图长达8米，人马百余，场面宏大，手法写实，是歌颂现实人物的历史长卷。这是出行队伍的前导部分，开路者击大鼓、吹长号（角），军校侍从乘马列队随于后，旌旗飘扬，长矛高竖。随军乐舞载歌载舞，舞姿优美并富有行进的节奏和旋律。这是一幅敦煌壁画中前所未有的历史人物画卷，具有珍贵的资料价值。

83. 第71窟　北壁　供养菩萨　盛唐

Attendant Bodhisattvas. North wall of Cave 71. High Tang Dynasty

菩萨头戴宝冠，发梳高髻，长发披肩，交脚坐于覆瓣莲花座上。前面一身容貌姣美，文雅恬静，右手支颐，仿佛沉浸在一种美妙的思惟境界中；后面一身右手拈花，动态轻松、随意，神色悠闲自如。

84. 第112窟　北壁　报恩经变　中唐

Illustration of the Sutra on Compassionate Recompense. North wall of Cave 112. Mid-Tang Dynasty

图中释迦牟尼佛结跏趺坐在仰莲座上，四周环绕着菩萨、弟子及圣众，佛案前的舞乐图无论人物、乐器均描绘得十分细致、生动。经变上部的青绿山水中穿插着鹿母夫人的故事。整幅经变幅面虽小，但描绘精细、一丝不苟。部分人物肌肤以云母粉涂染，呈现出晶莹的光泽。

85. 第112窟　南壁　舞乐　中唐

Dancers and Musicians. South wall of Cave 112. Mid-Tang Dynasty

这是观无量寿经变中的舞乐图，舞者容貌姣美妩媚，左手高举琵琶反背身后，右手转向背后弹拨，上身前倾右屈，右腿高提，左腿独立，伴随着快节奏的旋律边弹边舞，这就是有名的“反弹琵琶”，是琵琶演奏中的一个高难度动作，在实际演奏中，这只是一瞬间的效果。作者极其准确地抓住了这一独特优美的造型，以高超精湛的技艺描绘出这一精彩的舞姿，就像抢拍下了一幅精美绝伦的特写。特别是那着地的左脚，大脚指跷起，正合着乐曲的旋律拍打着节拍，更显得妙趣横生。

86. 第159窟　西壁佛龛北侧　乐队　中唐

Musicians. Northern side of the niche on the west wall, Cave 159. Mid-Tang Dynasty

这是文殊变下部的乐队，一人打拍板，一人吹横笛，一人吹笙。三位乐人眉目清秀，楚楚动人。三人眼睛的形状和神态各不相同，但都全神贯注，沉浸在乐曲旋律的美妙境界中。优雅的演奏动作，灵巧娴熟的指法，特别是吹笙乐人右脚跷起的大脚指，正合着音乐节奏轻轻地敲打，形神兼备，生动传神。

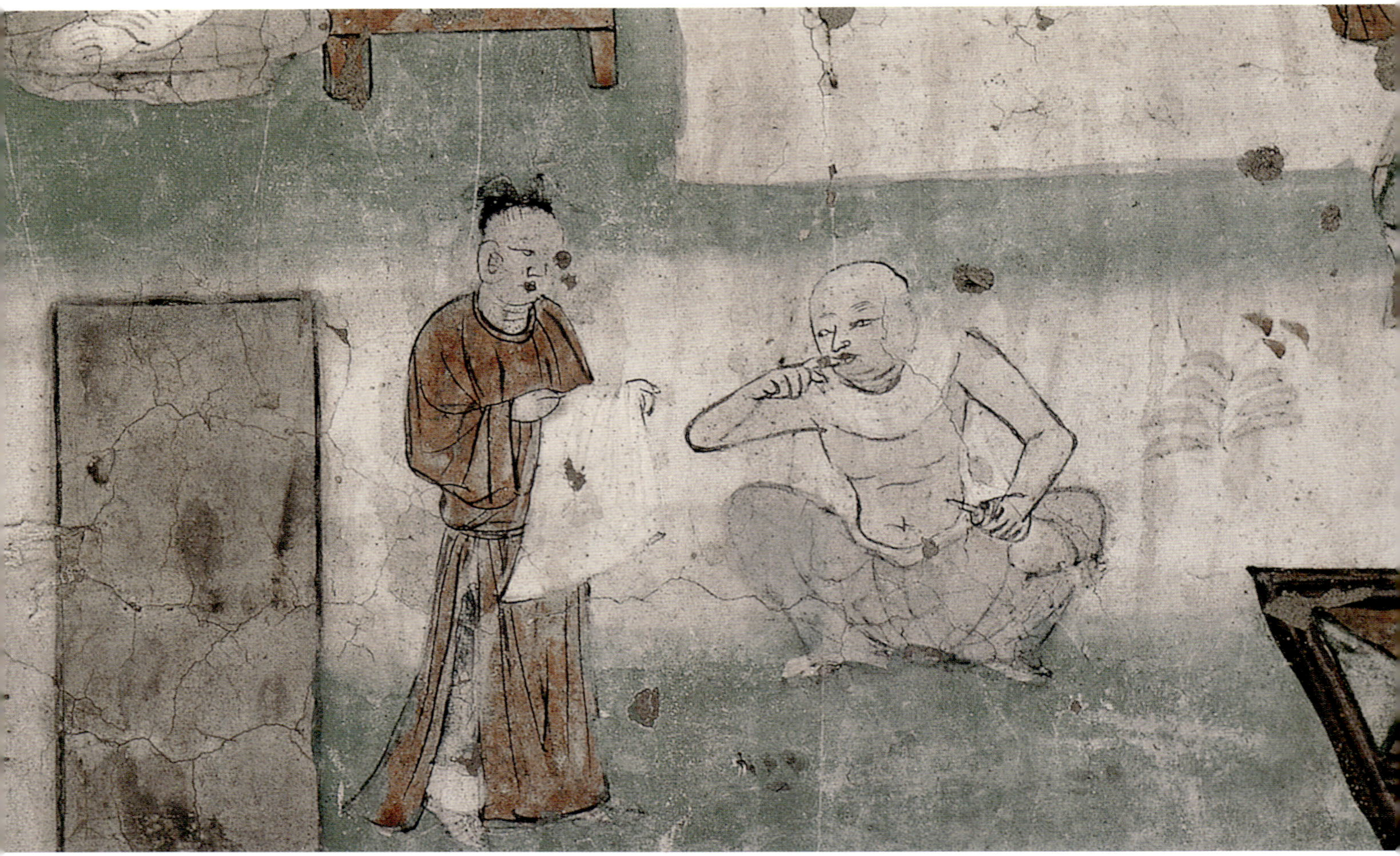

87. 第159窟　南壁　弥勒经变之剃度　中唐

Tonsure Ceremony of the Illustration of Maitreya Sutra. South wall of Cave 159. Mid-Tang Dynasty

剃度是人们出家修行的第一步，与此同时，还要洗浴、更衣，以示彻底脱离尘世，步入清净佛门。图中一人在刷牙，刷牙者左手拿一小瓶，右手食指正伸向口中，旁有一人拿巾帕侍立。画中形象虽小，但人物的一举一动生动传神，器物形象也很逼真，具有重要的史料价值。

88. 第55窟　中心佛坛上南侧佛座旁　金刚力士　宋

Guardian Warrior. Souther part of the central alter, Cave 55. Song Dynasty

敦煌宋代彩塑一般都较呆板，但也不乏传神之作。这身金刚力士半跪于地，肩托佛座，全身凝聚着巨大向上的力度，表情威严专注，显示出一种不畏重负、忠于职守的忠诚和刚毅。

89. 第220窟　北壁　乐舞　初唐

Dancers and Musicians. North wall of Cave 220. Early Tang Dynasty

图中乐队之庞大也是首屈一指的，由13人组成，其中一人耍盘唱，其他人分别演奏筝、箫、竖笛、方响、筚篥、阮咸、横笛、腰鼓、都昙鼓、毛圆鼓等。这些丰富精湛的乐舞正是唐乐唐舞高度发达的生动写照。

90. 第445窟　北壁　剃度图　盛唐

Tonsure Ceremony. North wall of Cave 445. High Tang Dynasty

这是弥勒净土变中的画面，描绘了人们在出家修行时削发剃度的情景。画中人物为女性，按习惯要用布帷遮挡，人物形象生动、传神，所用剃刀、柳编筐等都是常用物品，富有浓郁的生活气息。

91. 第172窟　北壁　观无量寿经变　盛唐

Illustration of the Amitayurdhyana Sutra. North wall of Cave 172. High Tang Dynasty

这幅大型观无量寿经变是同类作品中的精品，图中建筑布局、人物组合更趋成熟，特别是透视关系的处理，很有新意，主体大殿为仰视角度，更显其高大。两侧配殿画成俯视，深邃广阔。后部阁楼取平视角度，显得深远而错落有致。这种透视法的组合并不合乎科学，但却使观者的视点大致集中在了中轴线偏上的位置，从而产生了近乎焦点透视的效果。在这座宏伟的建筑之上，诸佛乘云来来往往，各种天乐不鼓自鸣，特别是四身小飞天，形体纤巧玲珑，舞姿婀娜动人，颇有情趣意境。

92. 第320窟　南壁　说法图　盛唐

Buddha Preaching the Law. South wall of Cave 320. High Tang Dynasty

图中的两块空白是1924年被美国人华尔纳粘走壁画留下的痕迹。图上方的四身飞天是这一题材中最具代表性的佳作之一，他们两身一组，相向对称，相互之间气韵贯通，既富有整体组合的装饰美，又具有各自风姿绰约的神韵。飞天比例准确，体态优美匀称，前面一身回头似在召唤，后面一身急起直追，前呼后应。飞天扬散着的花朵飘然而下，祥云瑞气缭绕虚空。画面造型、动感和意境都达到了极佳的水准。

93. 第85窟　南壁　报恩经变之树下弹筝图　晚唐

Playing Chinese Zither Under a Tree.（A scene from the illustration of Sutra on Compassionate Recompense）South wall of Cave 85. Late Tang Dynasty

这是经变恶友品中的一个情节。故事说：善友太子在取宝的路上被恶友刺瞎双眼，流落到异国做了守园人，每日弹琴自娱，以解心中郁闷。该国公主闻琴声来到园中，二人情投意合，结为夫妇。后善友双眼终得复明，双双返回家中。图中树阴下、绿草中，善友抚琴弹奏，公主端坐聆听，在清爽幽静的果园里，二人情真意切、初定终身。作品构图简洁、形象生动、情景相宜、颇有意境，是独具特色的爱情小品。

94. 第85窟　南壁　报恩经变、亲近品（部分）　晚唐

Illustration of Sutra on Compassionate Recompense（Section）. South wall of Cave 85. Late Tang Dynasty

图中故事说：在深山里有一只威武的雄狮，它的皮毛是美丽的金色，人们称它为金毛狮子。金毛狮子亲近佛门，经常去听沙门诵经。有一个贪婪的猎人想得到金毛狮子，用它的皮毛去换取功名利禄，但他无法接近勇猛的雄狮，便扮作沙门引诱狮子，乘狮子不防备，残忍地用毒箭射死了狮子，剥下皮毛献给了国王。国王得知详情后处死了猎人，并把狮子皮毛火化后建塔供养了起来。图中是诱狮、射杀、剥皮三个情节。

95. 第12窟　南壁　法华经变之作战图　晚唐

Battle Scene of the Illustration of the Saddharmapundarika Sutra. South wall of Cave 12. Late Tang Dynasty

这是一幅攻守双方激烈交战的场面。城外河边右侧，骑兵们个个挥刀射箭，奋力向前，马后城墙下有一人正在擂鼓助威。河中落水的士卒在激流中挣扎呼喊，战马正从水中登岸；对岸，步兵跪地射箭，身后也有一人在擂鼓助战。两队骑兵从不同方向催马急驰而来，似来汇合参战。图中形象生动传神，特别是战马的动态各具特色，奔跑者如风驰电掣，冲锋者争先恐后，河岸右侧下部的一匹马急驰到河边时后腿蹬地，前腿和身体腾空而起，极其生动地表现了悬崖勒马时的惊险情景。从图中我们似乎能感到那种人喊马嘶、刀光剑影的惨烈和血腥。

96. 第12窟　南壁　法华经变　晚唐

Illustration of the Saddharmapundarika Sutra. South wall of Cave 12. Late Tang Dynasty

《法华经》共有二十八品，壁画中多有取舍。此铺经变中心是释迦在灵鹫山说法的宏大场面，周围分别画《方便品》《信解品》《化城喻品》《见宝塔品》《提婆达多品》《随喜功德品》《药王菩萨本事品》等内容。画面人物、景物众多，但布局合理，疏密有致，中央法会四周听众呈环状排列，多宝塔高悬虚空，画面对称均衡，小而清晰的一个个故事充满 了情趣意境。

97. 第14窟　南壁　千手千钵文殊变 晚唐

Mañjuśrī with a Thousand Arms and Thousand Bowls. South wall of Cave 14. Late Tang Dynasty

佛经上说，释迦佛曾上升至摩醯首罗天宫中，与毗卢遮那如来共演“金刚性海莲花藏会”，毗卢遮那佛告诉释迦佛：文殊菩萨是他昔日修持金刚秘密菩提法教的老师，他以认识本来清净自性之因缘而得“毗卢遮那”的佛号。所以从毗卢遮那佛清净心中出现千臂千钵，千钵中显现千释迦，千释迦复现千百亿化身释迦，显现修行加持秘密性海法藏，令一切众生得入瑜珈大教王经的境界。图中文殊菩萨位于画面中央，戴化佛冠，千手排列如圆盘形，每一只手分别托宝钵，靠近身体部分的钵中现释迦。文殊菩萨的宝座位于须弥山上，须弥山在大海中央，上下宽，中间细，中央有双龙缠绕。

98. 第14窟　南壁　不空羂索观音　晚唐

Amoghapasa-avalokitesvara. South wall of Cave 14. Late Tang Dynasty

羂索本来是捕岛的网，佛教赋予它一种象征意义，说菩萨能用它救度众生，并且不会落空，因此，称作“不空羂索观音”，是观音多种功能中的一种变异形象。图中主尊观音一面八臂，头戴弥陀冠，主臂二手持莲结印，上二手各持金刚钩、三叉戟。中左手执宝瓶，右手握柳枝。下左手持净瓶，右手结印。身穿鹿皮衣，右肩袒露，下穿长裤并有护膝。画面所表现的是普陀洛山宝殿会的盛况，主尊上部有阿弥陀佛、释迦佛、世间王如来。两侧是护法菩萨、天王、金刚力士等部众，还有仙人伎乐天等，是一幅纯粹的法会内景图。

99. 第3窟　北壁　吉祥天女　元

Auspicious Fairy. North wall of Cave 3. Yuan Dynasty

这是位于千手千眼观音西侧的吉祥天女，亦称“功德天”，掌管国家安泰及人们的福德。据传，她是毗沙门天王的妹妹或王妃，在古印度神话中，她是命运、财富和美的女神。图中天女头戴花钗冠，穿云肩羽袖大带裙襦，一手拿花、一手扬起，形容丰满秀丽，端庄高雅，颇有上流社会贵妇人的气质。

100. 第3窟　北壁　千手千眼观音　元

Thousand-armed and Thousand-eyed Avalokitesvara. North wall of Cave 3. Yuan Dynasty

千手千眼观音是六观音之一。图中观音像有十一面，四十只大手，其中两只大手高举化佛，二手合掌，二手托钵，四周环绕二飞天及部众。此窟是敦煌现存唯一以观音为主题的洞窟。图中形象均以墨线勾勒而成，敷以浅淡清雅的色彩，人物丰满、匀称，造型细腻、准确，典雅俊逸，呈圆轮状排列的千手层层叠叠，密而不乱，规整有序。作者落笔有神，挥毫自如，以遒劲的铁线勾勒出人体肌肤，以抑扬顿挫的兰叶描、折芦描、行云流水描等勾画衣冠服饰，使形象层次分明、质地清晰，肌肤光洁圆润而富有生气，衣裙巾带锦、绢、绵、麻质地各异。作者成竹在胸，用笔酣畅流利，技艺之精可谓炉火纯青。

101. 第220窟　北壁　药师经变　初唐

Medicine Buddha's Paradise. North wall of Cave 220. Early Tang Dynasty

药师经变表现的是东方药师净土的盛况，以药师七佛和八接引菩萨为主体，十二药叉大将护卫两旁，上有飞天翱翔，下有曲池流泉，在“灯山火木”的照耀下，庞大的乐队管弦齐鸣，飞旋的舞女巾带飘扬，这就是著名的胡旋舞，原出自西北地区的康国，唐时进入宫廷。图中东侧二身舞者白裙素裹，西侧二身穿锦衣石榴裙，四人脚下各有一块小圆毯，飞旋如风的舞姿令人眼花缭乱。歌舞升平的欢乐景象使庄严的佛国充满了盎然生机。这是敦煌壁画中最美妙的乐舞图之一。

102. 第72窟　南壁　刘萨诃因缘变　五代

Stories of Liu Sahe. South wall of Cave 72. Five Dynasties

这幅《刘萨诃因缘变》像巨幅经变画一样占据了整个壁面。只可惜此窟位置低下，下部曾遭流沙掩埋，壁画受损严重。画面描绘了诸多刘萨诃的因缘故事，内容丰富，情节繁多，榜题也很多，仅残存者就有30余条（幅）。据考证，现保存尚好的上半部画面，主要描述了刘萨诃在河西走廊进行宗教活动的情况，为我们研究中西交通史、河西走廊宗教发展史提供了珍贵的形象资料。

103. 第98窟　东壁南侧　于阗国王供养像　五代

Portrait of the King of khotan. Southern section of the east wall of Cave 98. Five Dynasties

于阗（和田）早在二千多年前即属汉王朝所辖，李圣天是五代后晋时被册封为于阗国王的。这尊供养像高2.82米，旁有墨书“大朝大宝于阗国王大圣大明天子”等字样。画像头戴冕旒、上有北斗七星，身穿衮服，上有日、月、龙等图形，腰佩长剑，服制与汉家帝王相似。于阗信奉毗沙门天王，国王自称是毗沙门天王之后，李圣天脚下踩着天女，意味着他具有与天王等同的身份。他身后的女供养人王后曹氏，是瓜沙节度使的女儿。李圣天像曾被重绘，现还能隐约看到底层沥粉堆金描绘的形象。

大朝大寶于闐國大聖大明天子

104. 第61窟　形制　背屏式　五代

Main Chamber has a Central Buddha Platform wiht a Screen behind Connected to the Ceiling. Cave 61. Five Dynasties

这是敦煌最大的洞窟之一，面积约200平方米，窟顶为覆斗形，中心设佛坛，坛上背屏连接窟顶西披。佛坛平面呈马蹄形，因此也称做"马蹄形佛床"。这种窟形与覆斗式窟最大的区别是有背屏，这种背屏是在凿窟的同时预留下的一面石壁，厚约1米，宽约4米，由于坛上主尊塑像就安置在这面石壁前，故称做"背屏"。背屏与西壁之间形成通道，以便信徒绕坛巡礼。从力学角度来看，背屏在这种大型洞窟里还能起到支撑作用。佛坛上的塑像已全毁，仅剩贴在背屏上的狮尾。

105. 第61窟　东壁南侧　供养人　五代

Female Donors. Southern section of the east wall of Cave 61. Five Dynasties

五代乃至宋时，河西节度使曹氏开凿和重修了一批洞窟，这是其中最大的曹家窟，绘有众多的供养人画像。图中左侧第一人是时任河西节度使曹元忠的母亲（曹议金夫人），原为陇西回鹘公主，故身着回鹘装，头戴桃形凤冠。第二身是曹元忠的姐姐，嫁给甘州回鹘可汗，故也着回鹘装。第三身也是曹元忠的姐姐，嫁给了于阗国王李圣天为皇后，她头戴凤冠，因于阗盛产美玉，故在她的凤冠上饰满了绿色的宝玉。这些贵为公主、皇后的女供养人，脸上都有贴花装饰，是古代女子十分崇尚的一种化妆习俗。

三世法界之寺
娑竭羅龍王現
大佛光之寺
河北道山門東寺

106. 第61窟　西壁　五台山图（局部）　五代

Illustration of Mount Wutai (detail). West wall of Cave 61. Five Dynasties

相传，五台山是文殊菩萨居住的圣地，历来受到人们的敬仰，五台山图也因此盛传于世。这幅五台山图高3.42米、宽13.45米，是现存最大的五台山图。它西起山西太原、东到河北正定，描绘了以五台山寺院为主体的大小建筑六十七所，各种感应故事、圣迹、瑞像、高僧、信徒、商贾、行旅等人物活动。图中山川河流、桥梁道路，既是一幅佛教史迹画，又是一幅以山水、建筑、人物为主体的历史地图。这是此图的北端下部，图中榜题“河北道镇州”即今河北正定。城墙为板筑，上有雉堞，可见三门，门外有护城壕。城外路上，有一行骑马、牵骆驼的行人，榜题“湖南送供使”。

107. 第61窟　甬道南壁　炽盛光佛　元

Light-emitting Buddha. South wall of the corridor, Cave 61. Five Dynasties

炽盛光佛即金轮佛，佛身毛孔能放射出炽盛光明，可以消除灾难。图中炽盛光佛手执金轮，乘双轮车，车尾插龙纹旌旗，九曜星神前后簇拥，二十八宿列队云端，在蓝天白云的虚空，还散布着圆光形的“黄道十二宫”星图，其中“双子座”星图中是两个身着蒙古装的幼童，颇有意趣。作品布局得当，描绘精致，人物形象生动庄重、潇洒、飘逸。画面浩浩荡荡，气势磅礴，意境神秘而富有生机，是出自高手的精品佳作，也是同一题材中的稀世珍迹。

108. 第465窟　西壁正中　金刚曼荼罗　元

Vajra-dhatu Mandala. Middle section of the west wall, Cave 465. Yuan Dynasty

曼陀罗主尊是大幅上乐金刚，男女双身，相互紧抱，勾腿交臂，嘴角相亲。男尊面生三目，双臂紧搂女尊，左手执金刚杵，右手拿金刚铃，项挂髑髅璎珞。女尊亦面有三目，左臂绕住男尊脖颈，手中持钵，右腿勾住男尊左腿。男尊体格坚实匀称，裸身束裙，女尊丰乳细腰，身材修长，裸身。脚下各踩一人，一仰一伏。

109. 第465窟　东壁南侧　护法明王　元

Vidyaraja. Southern section of the east wall, Cave 465. Yuan Dynasty

明王骑着一头黑色骡子，因此也被叫作骡子天王。天王裸身，腰间仅束一短裙，肤色赤赭，圆睁三目，身生四臂，手中分别持剑、三叉戟、角头天杖和钵。骡子背上披着一张完整的人皮，骡子头侧有一牵骡侍者，象头绿身。

110. 第465窟　南壁东侧　金刚曼荼罗　元

Vajra-dhatu Mandala. Eastern section of the south wall, Cave 465. Yuan Dynasty

双身主尊均为全裸，互相紧抱而立。男尊大幻金刚，全身蓝色，四头四臂，其中三头为棕、绿、青色，二臂搂抱女尊，二臂张弓搭箭。女尊全身黑褐（变色），四臂，二臂拥抱男尊，二臂张弓搭箭。二尊身上都佩挂着髑髅串成的连珠，脚下踩着一人，被踩者裸体，丰乳仰身，右手举钵。

111. 骆驼砖　唐

Brock with Camel Design. Tang Dynasty

此砖出自敦煌佛爷庙的唐墓，现存敦煌研究院。砖为灰陶质地，方形，边宽35.8厘米×4.5厘米，厚5厘米，驼前纵裂成两块，下角毁失，牵驼人左脚毁。骆驼为北方常见的双峰驼，牵驼人为胡人形象，故称为“胡商”。这是以砖雕形式表现丝绸之路上胡商形象的唯一遗物，十分珍贵。

113. 第296窟　北壁　福田经变局部　北周

Details of the Illustration of the Sutra of the Field of Merits. North wall, Cave 296. Northern Zhou Dynasty

福田经变劝导人们多做善事，说这就像播种福田一样会得到回报。图中有建盖佛堂、种树荫人、施药救人、建桥铺路、凿井饮畜等场面。这些积德行善、广种福田的画面简洁明快，构图写实，造型生动传神，具有浓郁的生活气息，是这一时期具有代表性的绘画风格。

112. 第323窟　北壁　幽州灭火故事　初唐

The Story of Fire Suppression of You Zhou City. North wall of Cave 323. Early Tang Dynasty

这是描述东晋高僧佛图澄幽州灭火的神异故事。故事说：一天，佛图澄正为后赵国王石虎说法，突然得知幽州城失火，便要来一杯酒洒向空中，酒立刻变成一朵乌云飘到幽州城上空，顷刻间，大雨滂沱，火灭之后，满街的雨水发出浓浓的酒香。图中坐于胡床上的是后赵国王石虎，左前站立举手的僧人是佛图澄，乌云从他举起的手臂前升起，左上角幽州城烈焰腾空，城上空乌云密布，大雨如注。由于色彩变化，人物细部已很模糊。

114. 第323窟　北壁　张骞出西域故事　初唐

Illustration of Zhang Qian Visiting the Western Regions. North wall of Cave 323. Early Tang Dynasty

图中故事说：汉武帝打败匈奴后获得了两尊金人，供奉在甘泉宫，但因不知金人的名号，便派张骞到金人的出处大夏（今阿富汗一带）去问名号。张骞到大夏后得知金人就是佛像，自此佛教传到了中国。画面右上殿堂便是甘泉宫，汉武帝和臣属正在宫前跪拜。下方华盖下骑马的是汉武帝，身后跟随臣属。马前执笏跪地的是张骞，正与武帝辞别，身后的随从牵马持节。左上是张骞一行西行远去，左上角的城郭便是大夏。张骞出使西域和汉武帝获匈奴两尊金人都是史实，但两者毫无关系，并且金人是匈奴祭天的神，不是佛像，显然，这是佛教徒的演绎。

115. 第420窟　窟顶　法华经变　隋

Illustration of the Saddharmapundarika Sutra. Ceiling of Cave 420. Sui Dynasty

画面描绘的是释迦牟尼在王舍城灵鹫山为众菩萨说大乘《妙法莲花经》时的盛况。图中人物众多，塔庙寺院，树石花卉，兽鸟百虫，莲池流泉，行云飞花。各种景物、人物，疏密得当，聚散有致，场面宏大，内容十分丰富，是唐代大型经变画的先声和基础。但因色彩变化严重，加之形象小而密，影响了作品的观赏效果。

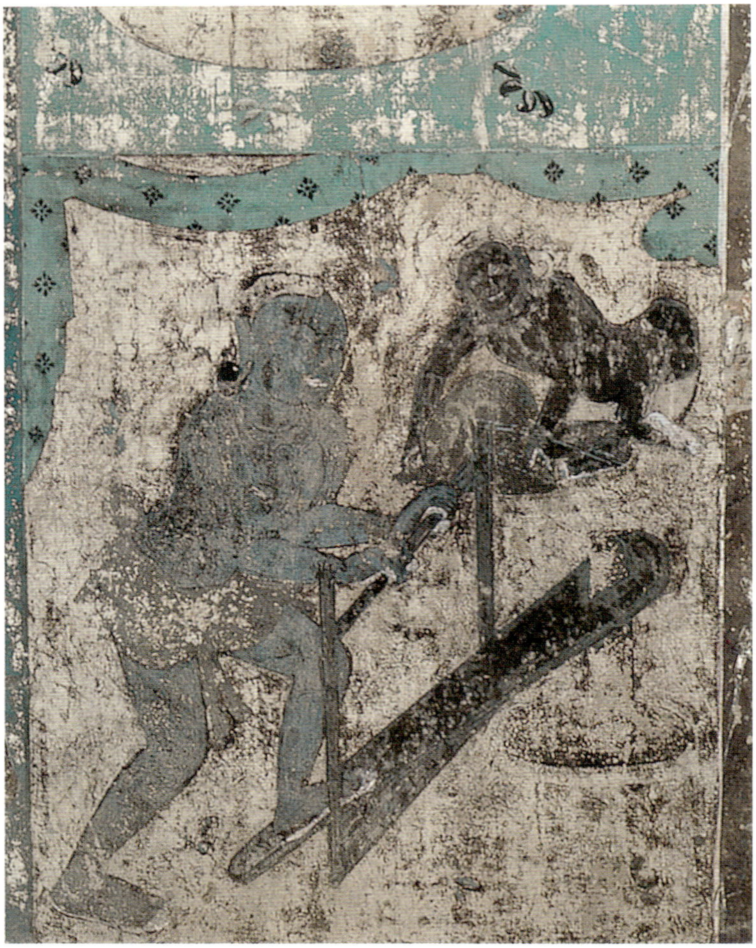

116. 第465窟　南壁中部　石碓师　元

The Master of Pounding Rice. Middle section of the south wall, Cave 465. Yuan Dynasty

图中画一绿色帷帐，帐上有墨花装饰。帐下的上师身体半裸，腰束短裙，佩戴璎珞、耳铛、臂钏等饰物，双手扶着把手，正用左脚踏石碓。上师旁边坐着一人，也是裸身短裙，俯着身，正在簸谷。单就图中人物的行为动作来看，这无疑是一幅舂米图。只是敦煌一带不产稻米，也没有舂米的石碓和这种加工方法。

117. 第23窟　北壁西侧　雨中耕作　盛唐

Ploughing in the Rain. Western section of the north wall, Cave 23. High Tang Dynasty

这是法华经变中的药草喻品：空中乌云密布，大雨滂沱，地上阡陌交错，药草茵茵，农夫们不辞辛苦，有的挑担，有的耕田，农妇把饮食送到田间地头，农夫小憩进食。作品散发着泥土的芬芳，充满了朴实自然的生活情趣，恰似一首优美的田园诗。

118. 第285窟　南壁　五百强盗成佛之作战场面　西魏

Battle Scene from the Story of Five Hundred Bandits Becoming Buddhas. South wall of Cave 285. Western Wei Dynasty

图中手执盾牌、刀矛、徒步作战的五个人代表五百强盗，骑马的官兵个个顶盔披甲，战马身上也大都披着护身的铠甲，仅露出双眼和马腿的下部，画面生动，形象清晰具体。其中人和战马的防身铠甲为我们提供了珍贵的形象资料。

119. 第285窟　南壁　五百强盗成佛　西魏

The Story of Five Hundred Bandits Becoming Buddhas. South wall of Cave 285. Western Wei Dynasty

这幅长卷式的画面描述的是五百个强盗成佛的故事。经文里说：有五百个人造反为盗，官兵前往镇压，强盗们战败被俘，遭受剜眼等酷刑，并被放逐山林。佛以法力使强盗们双眼复明，为其说法，众强盗从此皈依佛门，隐居修行，终成佛果。画面自左至右，绘制了作战、被俘、审讯、受刑、放逐、复明、说法、出家等八个情节。以山林房舍等自然环境为背景，以五个人表示五百人，设色清淡，线描精细清晰，形象生动传神。穿插点缀于山林间的野兽和狩猎等形象使画面在叙事的同时更具天然的情趣和意境。

120. 树下说法图 初唐

Preaching Scene.Early Tang Dynasty

绢本设色，高139cm，宽101.7cm，英国博物馆藏。这是斯坦因收集品中时代较早的绢画，大约为初唐时期。画面中央，佛于菩提树下说法，两侧菩萨共4身，佛身后有佛弟子共6身。画面右下残，左下部存女供养人1身。佛与菩萨、弟子像面部采用西域式晕染法表现出立体感。女供养人像梳高髻，着窄袖衫和长裙，与莫高窟初唐第329窟的女供养人相似。表现出初唐人物服饰特征。

121. 树下说法图（局部）
Preaching Scene (Part)

122. 说法图残卷　初唐

Remnantsof Preaching Scene Painting. Early Tang Dynasty

绢本设色，残高58.3cm，宽54.5cm，法国吉美博物馆藏。这是一幅说法图的残片，仅存上半部分，表现佛于树下说法，两侧为菩萨，似乎没有画佛弟子像。由于色彩脱落较严重，如佛、菩萨头发部分的石青色大部脱落，面部晕染也褪色较多。但肌肤部分仍可看出有西域式晕染的痕迹。线描强劲有力，人物神气饱满，反映出初唐绘画风格。

123. 引路菩萨　盛唐

Bodhisattva as Guide of Souls. High Tang Dynasty

绢本设色，高80.5cm，宽53.8cm，英国博物馆藏。表现菩萨引导死者进入天国，这是在净土思想影响下形成的风俗，画中菩萨一手持香炉，一手持幡徐徐前行，一世俗妇女跟随在后。画面上部画出彩云中的楼阁，象征着西方净土世界。妇女的发式及服装都是盛唐以后流行的形式。

124. 普贤菩萨（局部）
Samantabhadra (part)

125. 普贤菩萨　盛唐

Samantabhadra. High Tang Dynasty

绢本设色，约为唐代后期作品。高59.8cm，宽17.8cm，吉美博物馆藏。作为像幡，通常在寺院中做法事时张挂。菩萨立于莲台上，上身半裸，下着裙。人物造型和衣服帖体的特点具有印度波罗艺术风格。

126. 地藏菩萨（局部）
Ksitigarbha (part)

127. 地藏菩萨 盛唐

Ksitigarbha. High Tang Dynasty

绢本设色，高63.7cm，宽17cm。英国博物馆藏。这件作品最初也是作为像幡使用的。旁有题记：“南无大圣地藏菩萨”。地藏的信仰在唐代十分流行，与别的菩萨像不同，地藏的形象是僧人装束，身披田相袈裟，右手持净瓶。画面不仅人物形象写实，对袈裟纹理质感的描绘也非常细致入微。

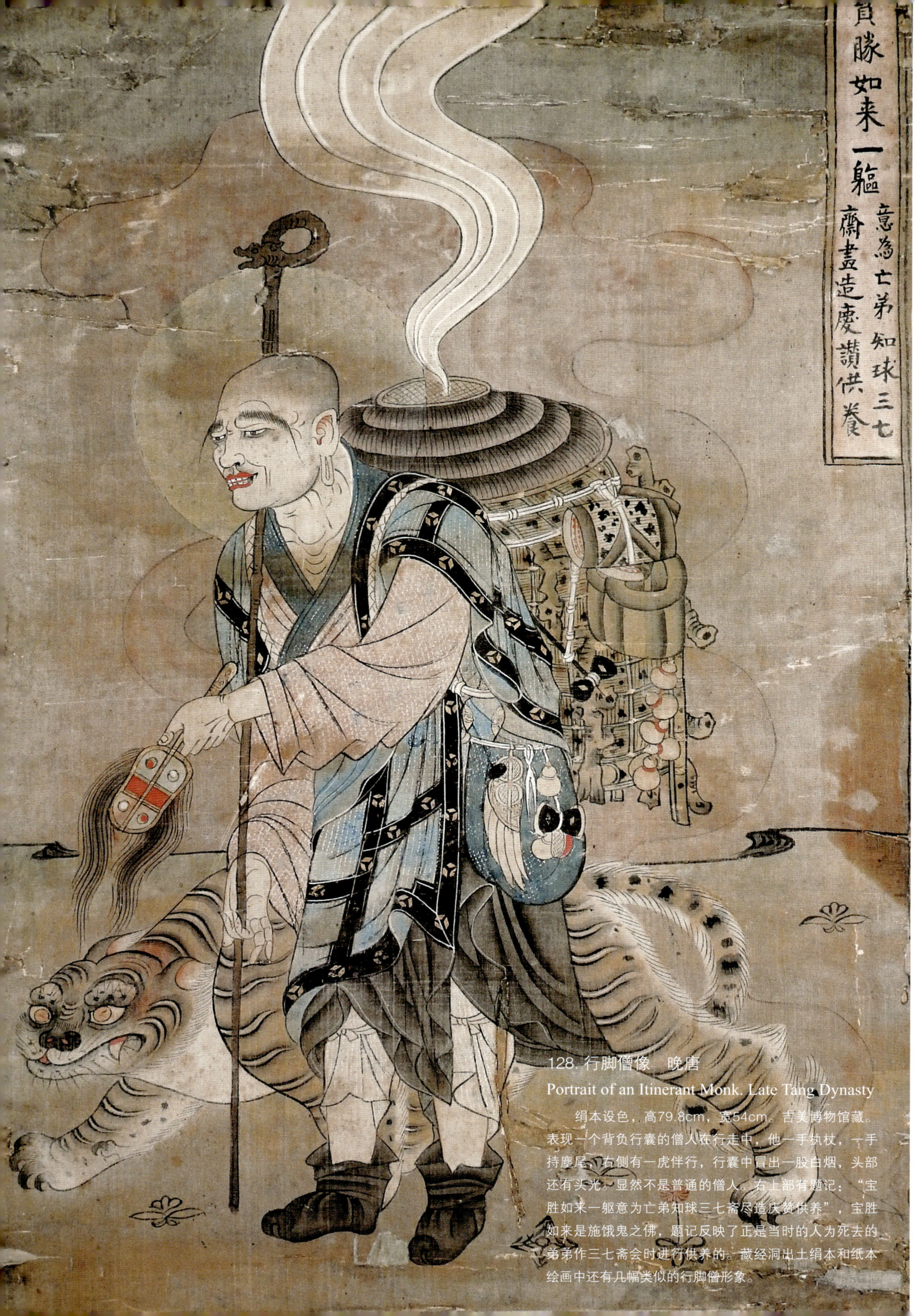

128. 行脚僧像　晚唐

Portrait of an Itinerant Monk. Late Tang Dynasty

绢本设色，高79.8cm，宽54cm。吉美博物馆藏。表现一个背负行囊的僧人在行走中，他一手执杖，一手持麈尾，右侧有一虎伴行，行囊中冒出一股白烟，头部还有头光。显然不是普通的僧人。右上部有题记：“宝胜如来一躯意为亡弟知球三七斋尽造庆赞供养”，宝胜如来是施饿鬼之佛，题记反映了正是当时的人为死去的弟弟作三七斋会时进行供养的。藏经洞出土绢本和纸本绘画中还有几幅类似的行脚僧形象。

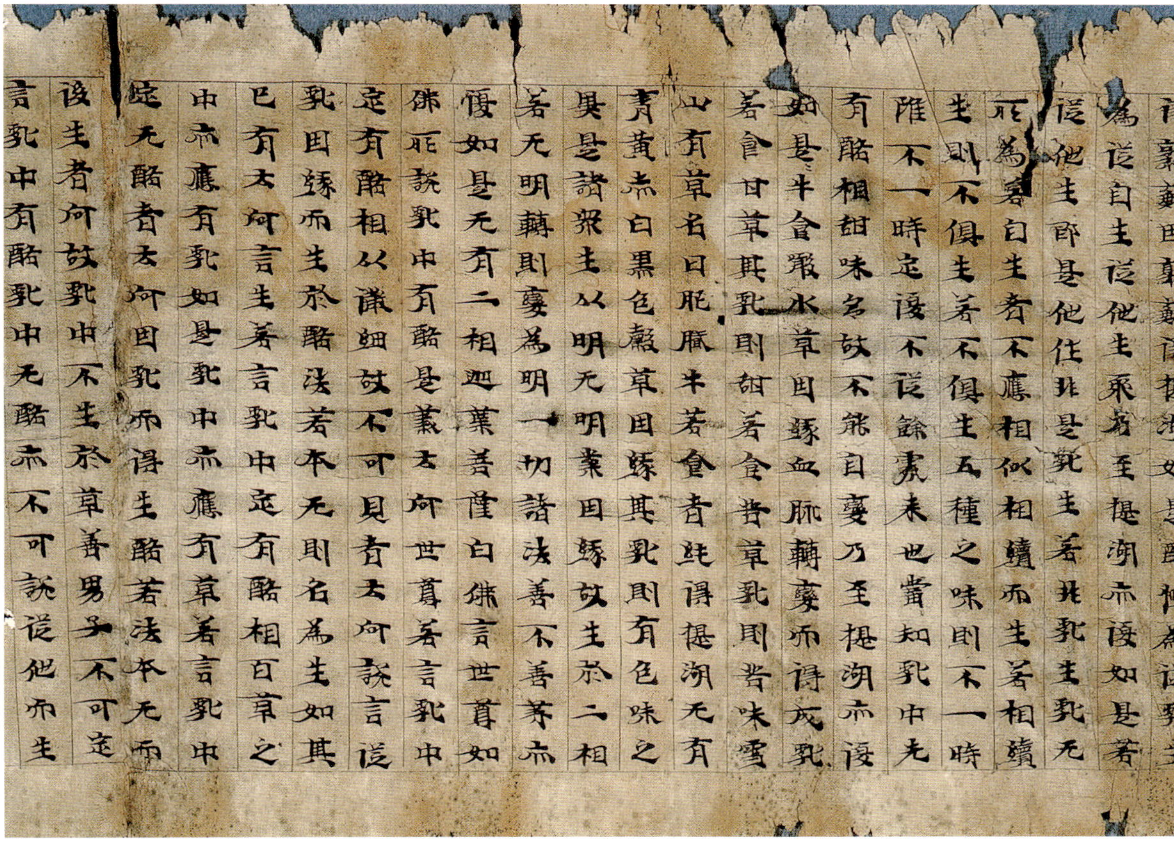

129. 第227号经卷　大般涅槃经第八如来性品第四之五　六朝

Mahaparinirvanasutra (section) No.227. Six Dynasties

这是出自莫高窟前土地庙（已毁）的残经，现存敦煌研究院，经长165cm、宽27.5cm，为六朝遗物，共100行，文字为写经体，秀丽规正，但异体字多，经文尾部残缺。

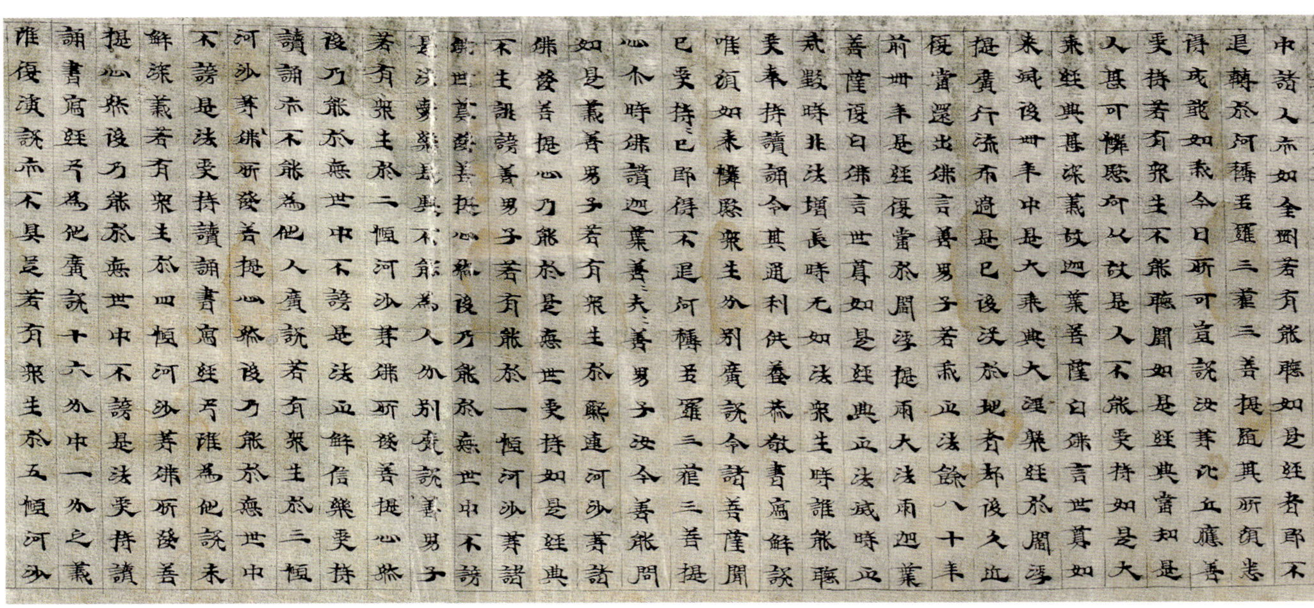

130. 第228号经卷　大般涅槃经第六如来性品第四之三　六朝

Mahaparimrvanasutra (section) No.228. Six Dynasties

这是与第227号同时出于莫高窟土地庙的六朝经文，长332cm、宽27.6cm，共190行，头尾残缺，字体与227号相同，现存敦煌研究院。

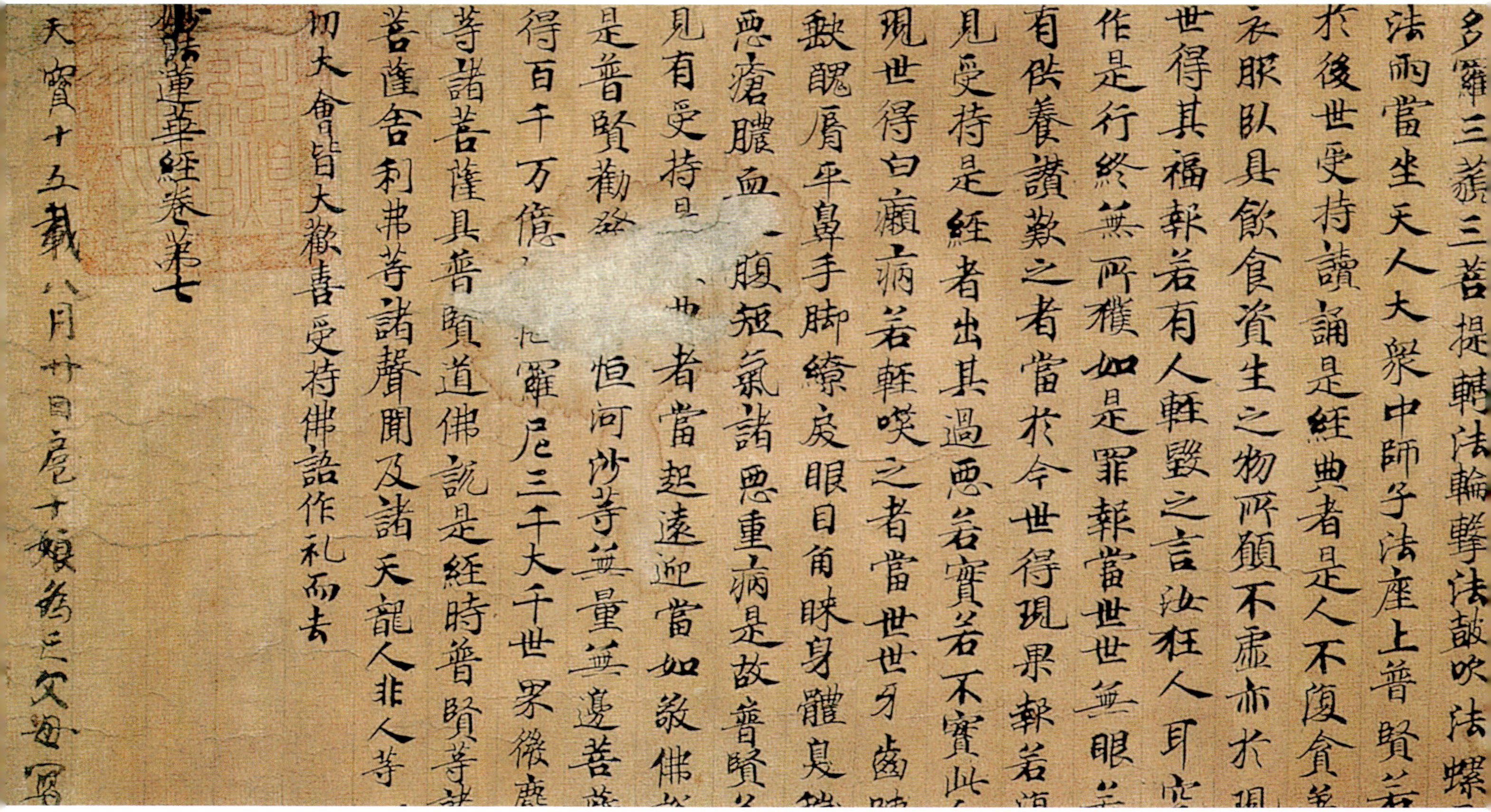

131. 第674号经卷　妙法莲花经卷之第二十八　盛唐

Saddharmapundarika Sutra (section) No.674. High Tang Dynasty

经卷长198cm、宽26.1cm，字体为楷书，从兰州张令宜处购得，现存敦煌研究院。经文末行有“天宝十五载八月二十五日扈十娘为亡父母写”字样，由此可知此经为唐代，“天宝十五载”即公元756年。经上盖有“敦煌县政府”大印一枚。

132. 第670号经卷　添品妙法莲花经观音普门品　西夏

Saddharmapundarika Sutra (section) No.670. Western Xia Dynasty

经文为西夏文，出自莫高窟土地庙，共26页半，每页5行，每行10字，上有版画，现存敦煌研究院。

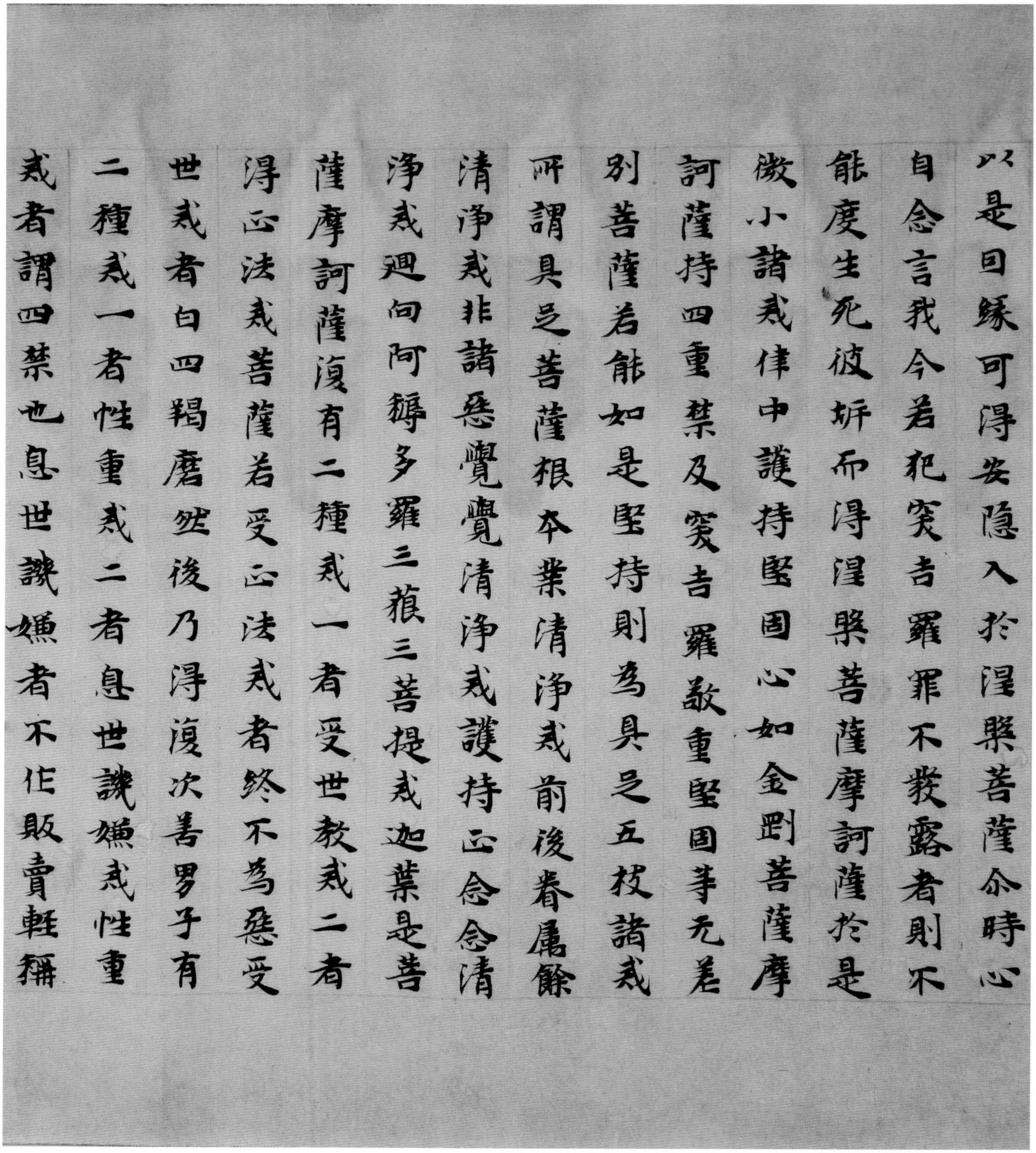

以是因緣可得安隱入於涅槃菩薩尒時心
自念言我今若犯突吉羅罪不發露者則不
能度生死彼岸而得涅槃菩薩摩訶薩於是
微小諸戒律中護持堅固心如金剛菩薩摩
訶薩持四重禁及突吉羅敬重堅固等无差
別菩薩若能如是堅持則為具足五枝諸戒
所謂具足菩薩根本業清淨戒前後眷屬餘
清淨戒非諸惡覺覺清淨戒護持正念念清
淨戒迴向阿耨多羅三藐三菩提戒迦葉是菩
薩摩訶薩復有二種戒一者受世教戒二者
得正法戒菩薩若受正法戒者終不為惡受
世戒者白四羯磨然後乃得復次善男子有
二種戒一者性重戒二者息世譏嫌戒性重
戒者謂四禁也息世譏嫌者不作販賣輕稱

133. 大般涅槃经　梁天监五年（506）

Mahāparinirvāna-sūtra. Tianjian Year Fifth of Liang Dynasty (506).

纸本墨书，为斯坦因编号S.81，英国图书馆藏。卷末有题跋："梁天监五年（506）七月廿五日佛弟子谯良颙奉为亡父于荆州竹林寺敬造大般涅槃经一部……"。说明此卷写于南朝的荆州，其书法风格反映了南北朝时南方楷书的特点。与北方流行的魏碑风格不同，更显得结构严谨而典雅。这是敦煌写经中时代较早的写本，在书法史上具有重要意义。

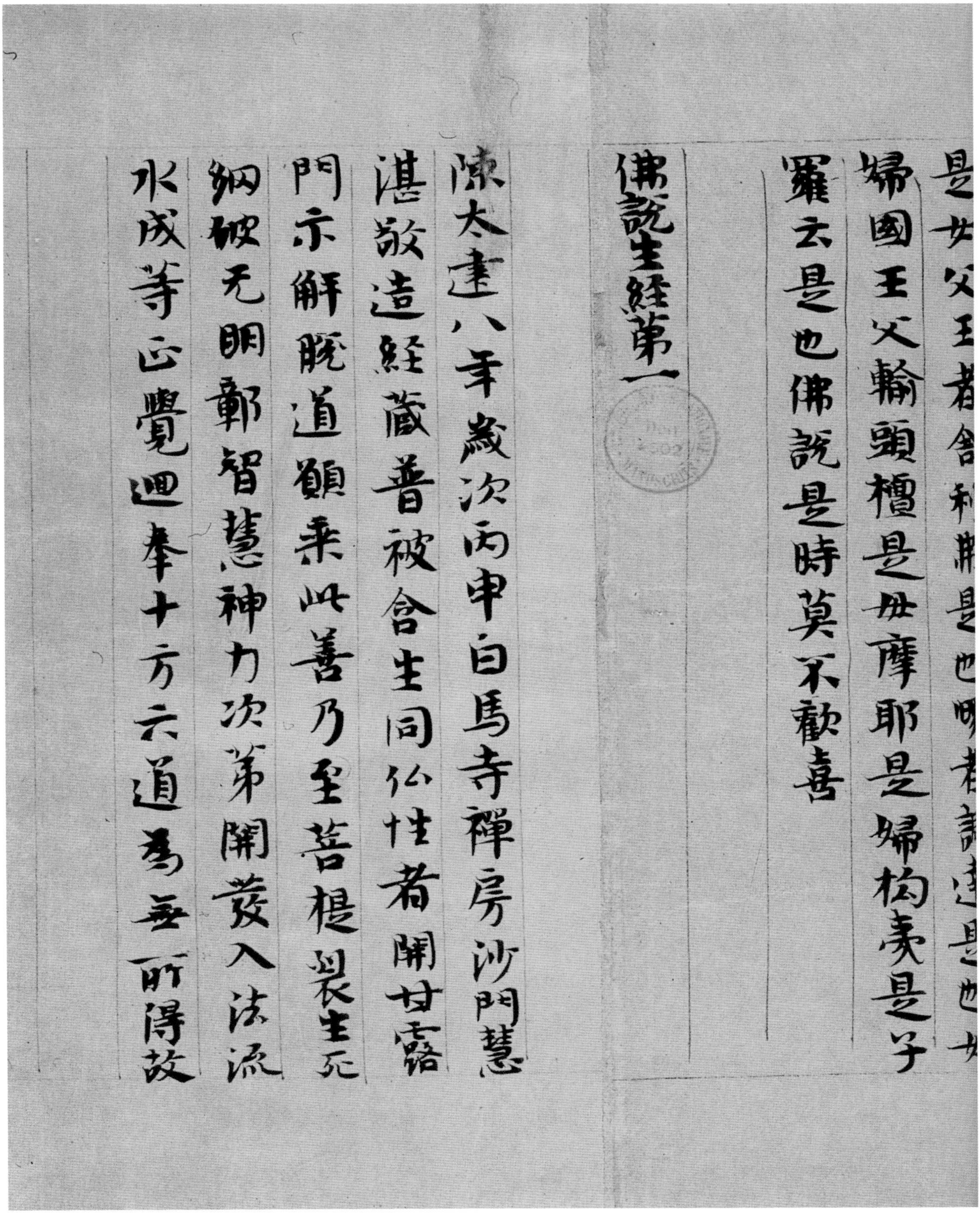

是女父王者舍利弗是也明者識達是也女
婦國王父輸頭檀是母摩耶是婦拘夷是子
羅云是也佛說是時莫不歡喜

佛說生經第一

陳太建八年歲次丙申白馬寺禪房沙門慧
湛敬造經藏普被含生同仏性者開甘露
門示解脫道願乘此善乃至菩提衆生死
網破無明鄣智慧神力次第開發入法流
水成等正覺迴奉十方六道爲無所得故

134. 佛说生经　陈太建八年（576）

FoShuo Sheng Sutra. Taijian Year Eighth of Chen Dynasty (576).

纸本墨书，现藏巴黎法国图书馆，为伯希和编号P.2965号。此卷尾题：“陈太建八年（576）岁次丙申，白马寺禅房沙门慧湛敬造经藏……”说明是来自南朝的写本。此件书法十分娴熟、流利，不拘泥不做作，与北魏那种带有隶书笔意的写经迥然不同，反映了南北朝后期楷书的发展。

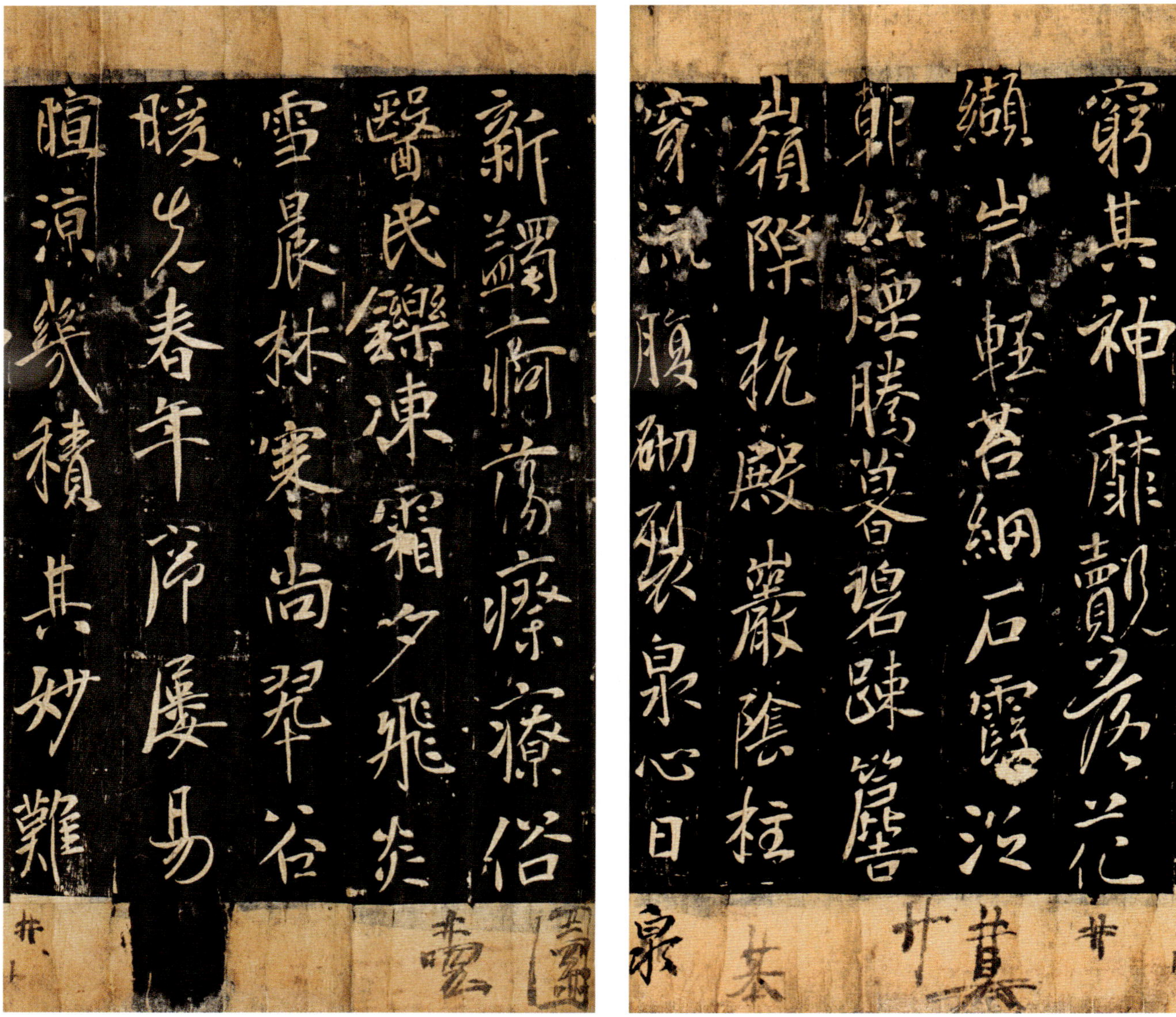

135. 唐拓唐太宗《温泉铭》 唐永徽四年（653）

Tang Dynasty's Copy of Emperor Taizong of Tang's calligraphy <Wenquan Ming>. Yonghui Year Fourth of Tang Dynasty (653)

拓本残卷，高23cm，共50行，每行七八字不等。为唐拓唐裱剪装本，现藏巴黎法国图书馆，为伯希和编号P.4508。唐太宗于贞观二十二年（648）撰温汤碑文（即温泉铭）刻碑保存。原碑已失。此卷末有永徽四年（653）题跋，可知拓本距立碑时间才五年，是最可靠的唐拓本。唐太宗喜欢右军书法，温泉铭笔迹圆劲流丽，是行书中的上品，论者认为此拓本为当时习字的范本，因而流传至敦煌。

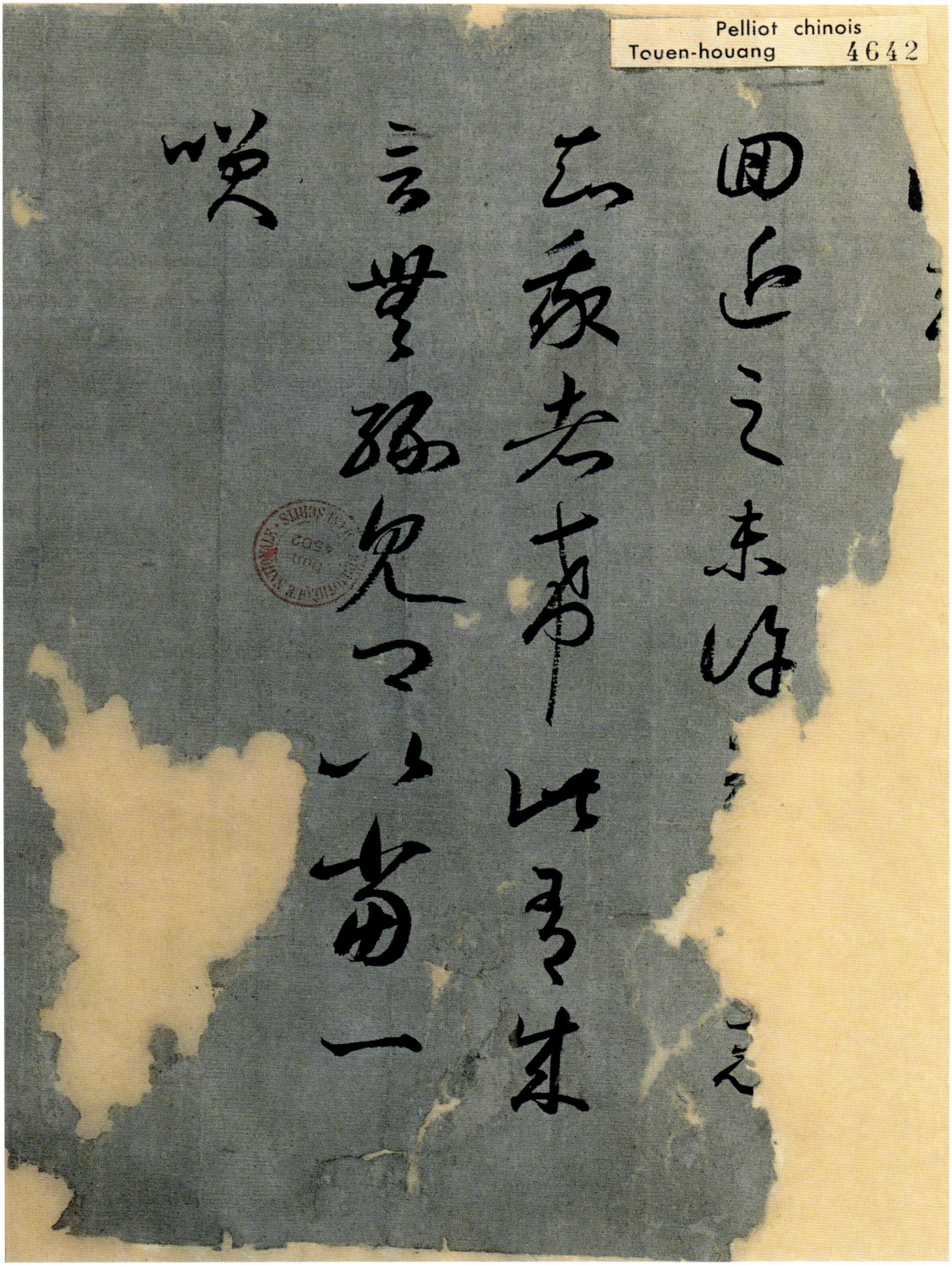

136. 唐人临王羲之旃罽帖　唐

Copy of Wang xizhi's "Zhanji Copybook for Calligraphy" by Tang Dynasty's People. Tang Dynasty

此件为纸本墨书残片，仅一页，现存巴黎法国图书馆，为伯希和编号P.4642号。王羲之的书法在唐代深受推崇，唐人临摹的也不少。在敦煌出土的写本中保存了几件草书残卷，内容均为王羲之十七帖。此件为《旃罽帖》，残存文字如下："回近之未许□□□知我者希此有成言无缘见卿以当一笑"。按王羲之《旃罽帖》原文为："顷服食，方回近之，未许吾此志，知我者希，此有成言。无缘见卿，以当一笑"。除本卷外，在英国图书馆藏的敦煌写本中，还有唐代临王羲之《瞻近》《龙保》二帖。与此件的风格一致。

图书在版编目（CIP）数据

中国石窟艺术——莫高窟 / 敦煌研究院编. —南京: 江苏凤凰美术出版社, 2015.12（2024.7重印）

ISBN 978-7-5344-9823-7

Ⅰ. ①中… Ⅱ. ①敦… Ⅲ. ①敦煌石窟–介绍 Ⅳ. ①K879.21

中国版本图书馆CIP数据核字（2015）第278474号

责任编辑　毛晓剑
　　　　　郭　渊
　　　　　龚　婷
项目协力　程继贤
装帧设计　毛晓剑
　　　　　郭　渊
责任校对　陆鸿雁
责任监印　生　媛
责任设计编辑　郭　渊

书　　名　中国石窟艺术——莫高窟
编　　者　敦煌研究院
出版发行　江苏凤凰美术出版社（南京市湖南路1号　邮编210009）
制　　版　南京新华丰制版有限公司
印　　刷　南京爱德印刷有限公司
开　　本　889mm×1194mm　1/16
印　　张　10.5
版　　次　2015年12月第1版　2024年7月第10次印刷
标准书号　ISBN 978-7-5344-9823-7
定　　价　320.00元

营销部电话　025-68155675　营销部地址　南京市湖南路1号